国家自然科学基金青年科学基金项目（52208341）资助
中国博士后科学基金面上项目（2024M752419）资助
湖南省自然科学基金青年项目（2023JJ40293）资助

交通荷载下路基粗粒土填料动力特性研究

张宗堂　周　普　罗桂军　刘顺凯　赵　程　著

中国矿业大学出版社
·徐州·

图书在版编目(CIP)数据

交通荷载下路基粗粒土填料动力特性研究 / 张宗堂等著. — 徐州 : 中国矿业大学出版社, 2025. 5.
ISBN 978 - 7 - 5646 - 6825 - 9

Ⅰ. U416.1

中国国家版本馆 CIP 数据核字第 20250PM247 号

书　　名　交通荷载下路基粗粒土填料动力特性研究
著　　者　张宗堂　周　普　罗桂军　刘顺凯　赵　程
责任编辑　陈红梅
出版发行　中国矿业大学出版社有限责任公司
(江苏省徐州市解放南路　邮编 221008)
营销热线　(0516)83885370　83884103
出版服务　(0516)83995789　83884920
网　　址　http://www.cumtp.com　**E-mail**:cumtpvip@cumtp.com
印　　刷　徐州中矿大印发科技有限公司
开　　本　787 mm×1092 mm　1/16　**印张** 10.5　**字数** 200 千字
版次印次　2025 年 5 月第 1 版　2025 年 5 月第 1 次印刷
定　　价　40.00 元

前　言

公路作为国民经济发展的命脉，其建设规模与技术要求随着社会经济的发展而不断提升。我国幅员辽阔，公路工程常常需要跨越复杂的地质环境，对路基填料的工程性能也提出更高要求。传统路基填筑依赖天然石料开采，但采石场无序开发易导致植被破坏、水土流失等严重生态问题。在此背景下，煤矸石路基作为煤矿伴生废弃物的资源化利用，为破解工程需求与环境保护的矛盾提供了多样性选择。据统计，我国煤矸石累计堆存量与新增排放量巨大，其规模化利用不仅可以缓解矿区环境压力，还能为公路建设提供绿色填筑材料。然而，现有研究多集中于煤矸石静力特性与细颗粒路用性能，对其在长期重载交通作用下的动力响应机理、颗粒破碎演化规律等问题仍缺乏系统性研究，这些已成为制约煤矸石路基工程推广应用的重要瓶颈。

本书是作者课题组近些年科研工作的总结，主要针对重载交通下煤矸石路基粗颗粒填料动力特性展开研究。在前人的研究基础上以湖南某废弃矿区典型煤矸石为研究对象，采用试验研究、理论建模、数值模拟相结合的研究方法，系统研究了煤矸石粗颗粒路基填料的动力特性与颗粒破碎演化规律；建立了涵盖分形级配设计、动力本构模型、颗粒破碎演化方程及宏细观力学关联的研究体系。

本书的完成凝聚了多方智慧与支持。特别感谢湖南科技大学多位教授、专家的指导。同时，本书内容的撰写、修订等是在课题组研究生的共同努力下完成的，感谢你们的付出。书中引用了大量国内、外专家学者的文献，在此一并致谢。

本书的出版得到了国家自然科学基金青年科学基金项目(52208341)、中国博士后科学基金面上项目(2024M752419)、湖南省自然科学基金青年项目(2023JJ40293)的资助,研究中所取得的成果均已反映在本著作中。

由于作者水平有限,书中难免存在疏漏之处,敬请各位专家、学者不吝指正!

著 者

2025 年 3 月

目　录

第1章 绪论

1.1 研究背景及意义

1.1.1 研究背景

煤炭是我国的基础能源和重要原料。煤炭工业是关系国家经济命脉和能源安全的重要基础产业。在我国一次能源结构中，煤炭将长期是主体能源。煤炭的主体能源地位不会变化。我国仍处于工业化、城镇化加快发展的历史阶段，能源需求总量仍有增长空间。立足国内是我国能源战略的出发点，必须将国内供应作为保障能源安全的主渠道，牢牢掌握能源安全主动权。煤炭占我国化石能源资源的90%以上，是稳定、经济、自主保障程度最高的能源。煤炭在一次能源消费中的比重将逐步降低，但在相当长时期内，主体能源地位不会变化。煤矸石是指煤矿在建设、开拓掘进、采煤及洗选工程中所排放的含碳岩石及岩石，是煤矿建设和煤炭生产过程中所排放出固体废弃物的总称，也是碳质、泥质和砂质页岩的混合物以及煤炭生产中的副产品[1]。随着煤炭工业的不断发展，我国煤矸石年排放量不断增加，已形成数量庞大的煤矸石山，是我国排放量最大的工业固体废弃物[1]。然而，我国煤矸石综合利用率较低，大量剩余的煤矸石长期堆放于山沟、平川，占用了大量的农田、土地。煤矸石的长期堆积对周边环境造成巨大危害[2]：① 占据大量的耕地、林地、矿区工作工地等土地资源；② 粉尘颗粒易随风飘浮在空气中，且煤矸石自燃产生大量有害气体，从而造成严重的空气污染；③ 煤矸石山易引发滑坡、泥石流等地质灾害；④ 煤矸石山严重影响周边景观环境；⑤ 煤矸石本身含有的铅、汞、砷、锑等易造成重金属污染。

多年来，我国非常支持和重视对煤矸石的综合开发利用，由国家发展和改革委员会等10个部门联合发布的《煤矸石综合利用管理办法》自2015年3月1日起施行，其中第三条指出："煤矸石综合利用应当坚持减少排放和扩大利用相结合，实行就近利用、分类利用、大宗利用、高附加值利用，提升技术水平，实现经济效益、社会效益和环境效益有机统一，加强全过程管理，提高煤矸石利用量和利用率。"在国家各项政策的引领下，各地相应出台了煤矸石治理措施。时成林等[1]对煤矸石环境问题治理方法进行了总结，如图1-1所示。可以看出，要对煤矸石进行综合利用，就要通过减少煤矸石的堆积量来达到治理目的，从而获取较大的社会效益。煤矸石的综合利用主要有回收利用与工程利用两种。若要将煤矸石资源回收利用，则需要将煤矸石分类排放；若对煤矸石混合排放，则将增加复选工序，提高资源回收利用的成本。在我国，大量的煤矸石是混合排放的，考虑复选的经济性，进行资源回收利用的成本较高[3]。因此，通过工程利用是解决煤矸石环境问题的重要举措。

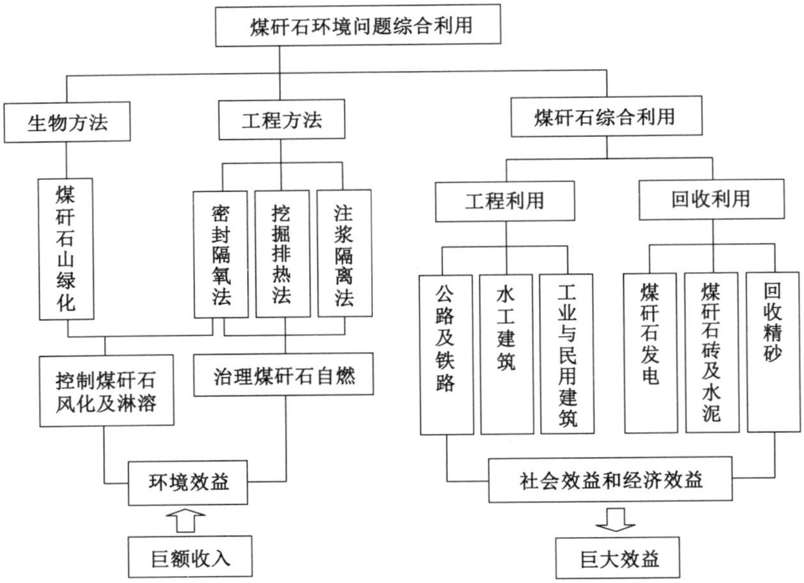

图1-1　煤矸石环境问题治理方法[1]

我国交通运输方式发展迅猛，综合交通运输体系不断完善。截至2023年年底，我国公路里程达543.68万公里，铁路里程达15.9万公里。然而，与经济社会发展要求相比，综合交通运输发展水平仍然存在一定差距：网络布局不完善，跨区域通道、国际通道连通不足，中西部地区、贫困地区和城市群交通发展短板明显；综合交通枢纽建设相对滞后，城市内外交通衔接不畅，信息开放共享水平不高，一体化运输服务水平亟待提升，交通运输安全形势依然严峻。因此，我国公路交通的发展前景依然十分广阔。

修建路基应用的碎石材料需要就近在采石场获取，而采石场掠夺性的开采对周边的生态环境影响较大。若能取用公路建设范围内满足路用要求的煤矸石代替碎石材料，不仅可以减少煤矸石的堆积问题与采石场对周边生态的影响、降低公路造价成本，而且将取得较大的社会效益和经济效益。煤矸石用于路基填料有着明显优势：① 对煤矸石的种类和品质无特殊要求，对有害成分含量限制不严，多种类型的煤矸石都能适用；② 煤矸石在路基工程中的应用具有消耗量大、无须进行特殊处理、无须采用特殊技术手段的优点，用作路基材料是一种大量利用煤炭工业废料、有效减少煤矸石堆积及节约公路修筑成本的有效途径[4]。因此，煤矸石用作路基填料有着广阔的应用前景[5-8]。

1.1.2 研究意义

煤矸石作为路基填料具有研究价值，具体如下：

(1) 煤矸石用于路基填料已积累了较多的施工经验，然而对其理论研究依然远落后于工程实践。同时，煤矸石在岩性上属于“软质粗粒料”，是含有多种软岩的混合物，大颗粒受力后容易发生破碎也是其显著的特征之一[2]。

(2) 车辆荷载主要表现出频率低、应力幅值小、荷载次数大等特点，虽然路基所承受的车辆荷载远小于其静载作用下的剪切强度，但是路基填料在大次数的循环荷载作用下将产生过大的塑性变形，从而导致其结构层长期服役性能发生劣化，进而对工程造成潜在和长期的危害，如道路不平顺、不均匀沉降[9-10]、沉陷、侧向隆起、剪裂挤出、路面网裂等不同程度的病害[11-12]。

(3) 我国现有的公路设计与施工规范，如《公路路基设计规范》(JTG D30—2015)[13]、《公路路基施工技术规范》(JTG/T 3610—2019)[14]等，均对路基填料静载作用下的力学性质试验等进行了详细的规定，而对车辆荷载作用下路基填料的动力特性试验缺乏明确的要求；另外，国家规范中均未涉及煤矸石作为路基填料的内容。

因此，研究长期交通循环荷载作用下煤矸石路基填料的动力特性及颗粒破碎演化规律，对于认识大次数循环荷载作用下公路路基的长期服役性能、保障路基结构的稳定与安全以及指导煤矸石路基填料的设计与施工均具有重要的理论与实际意义。

1.2 国内外研究现状

1.2.1 煤矸石路基填料静力特性

将煤矸石用于土工充填材料已成为解决煤矸石问题的一种重要途径，随着我国公路建设的飞速发展，将煤矸石作为路基填料应用广泛[7,15]。表 1-1 列出了近年来我国部分煤矸石的路用实例。由表 1-1 可知，多年来煤矸石在道路工程的建设中应用非常广泛，且一直以来都是路基填筑与科学研究的热点，从而说明了煤矸石路用的可行性与普遍性。

表 1-1　部分煤矸石路用实例概述

文献来源	煤矸石路用路段	修建时间	运营状况
邱钰等[5]	山东省枣庄市 104 国道枣庄段	1995 年	多年使用状况良好
	山西介休汾西矿务局洗煤厂专用线 DK0＋090～DK0＋718.64	1996 年	经 2 年多监测，运营良好
	山东省 205 国道张博段	1997 年	运营良好
	河南省焦作市丰收路改造扩建工程	1997 年	经 2 年多监测运营良好
	陈四楼矿井地销煤公路路基及车集矿铁路专用线	1997 年	效果较为理想
	京福国道主干线山东省境内曲张段 K135＋806～K136＋600	1998 年	应用效果良好
	鹤伊高速公路 K0＋000～K13＋650 段	1998 年	经检测各项指标均满足要求
贺建清等[7]	济东高速公路 BK0＋230～BK0＋270	2006 年	满足路基设计要求
熊琼等[16]	河南省济(源)东(明)高速公路获(嘉)—新(乡)段	—	—
程红光[17]	徐丰公路(S239)庞庄矿区段	1995 年	使用性能良好
王继伦等[18]	泗许高速公路 K84＋061.5～K86＋000.75 段	2008 年	提高路基质量

表 1-1(续)

文献来源	煤矸石路用路段	修建时间	运营状况
柴亚南[19]	山东省兴隆庄煤矿试验路		效果良好
	山东省潍坊市区北海路南延工程	2010 年	强夯加固效果显著
	山东省枣庄市光明大道	2004 年	强度优于土
	山东省临红高速公路第三合同段	1998 年	效果良好
	山东省解放路新修道路工程	2007 年	效果很好
	吉林省九(台)—舒(兰)九台市出口	1991 年	强度明显优于土
	吉林省鸡鸣山—纪家四级公路	1999 年	验证了作为路基填料可行
	吉林省省道五常至桦甸公路荒岗至舒兰段	2008 年	满足要求
	安徽省阜阳市南外环路	2010 年	各项指标均符合设计要求
	安徽省合阜高速公路第 13 标段	2007 年	可作路基填料
	安徽省淮北市东外环路		可作路基填料
	江苏省京福国道主干线徐州绕城公路东段	2004 年	满足填筑要求
	河南省长葛—禹州无梁二级公路		效果较好
	山西省长治李村矿井进场道路工程		满足规范要求
	山西省国道 307 柳林改线公路	2010 年	满足要求
	黑龙江省鹤岗市城市道路		多项指标优于土
	黑龙江省七勃公路改扩建路段	2009 年	各指标满足要求
	北京市六环路良乡—寨口段第 10 标段门头沟区和石景山区交界处	2007 年	满足工期计划
	广西全兴高速公路第三合同段	2010 年	取得良好社会效益和经济效益
	重庆万盛至南川高速公路	2010 年	在技术和经济上可行
	重庆市荣昌吴清路	2009 年	效果良好
袁晓军[20]	灯辽高速公路 K24＋100～K34＋200 和 K37＋677～K41＋312 段	—	实践证明，作为路基填料切实可行
周大全等[21]	蚌淮高速公路第五标段的 K28＋560～K29＋003.2、GLK0＋000～GLK1＋291 及第六标段 K37＋340～K37＋490	—	满足公路行业相关规范要求

表 1-1(续)

文献来源	煤矸石路用路段	修建时间	运营状况
李军等[22]	黔大高速 K43＋400(贵州省所建的每条高速公路几乎都会用到煤矸石)	—	—
王海洋[23]	山东兖州煤矿集团公司煤矿铁路:济东支线(20 km)、济二矿铁路(6 km)、济三矿铁路(7 km)	—	—
	安徽花家湖煤矿(新集二矿)专用线	—	运营 10 多年状态良好
	湖北荆南公路 K19＋500～K59＋500	—	—
	徐州市时代大道	1999 年	具有优良的适用性
	平顶山至临汝高速公路 K18＋000～K28＋200	—	—
	青兰高速(G22)公路邯涉段	2009 年	情况良好
	合淮阜高速公路 K90＋530～K91＋440	—	路用指标满足规范要求
	蚌淮高速公路	2009 年	满足工期和质量要求
李震[24]	济徐高速公路济宁至鱼台(鲁苏界)段	—	—
孙锴等[25]	溆怀高速公路 K127＋760 段	—	—
周楠等[26]	安徽省 S102 山王段	2000 年	效果良好
	平临高速公路	2005 年	效果良好
	国道 307 清徐段	2007 年	效果良好
	邢汾高速邢台至冀晋界	2011 年	效果良好

在煤矸石路基填料方面,邱钰等[5]通过对国内煤矸石作为路基研究成果与工程实例的综述说明了煤矸石作为路基填料的可行性。余湘娟等[27]研究了徐州北部地区煤矸石在不同初始固结比下的动强度与动强度包线。贺建清等[7]以河南焦作煤矸石为例,研究了 5 mm 以下粒组掺土煤矸石的击实、固结压缩、渗透、承载比、抗剪强度等性能,并讨论了煤矸石路基的填筑工艺。李东升等[28]通过室内直剪试验对比分析了固结与新排放煤矸石力学性质的差异性。胡雪松等[29]采用 FLAC 3D 模拟了煤矸石换填比例对不同含水率膨胀土路基路面沉降的影响。张天军等[30]通过电子万能试验机研究了五种不同粒径破碎煤矸石蠕变过程中的渗流特性。周楠等[26]总结了现有煤矸石综合利用的原理和技术,对

比分析了各技术的优缺点与应用状况等，认为2020年我国煤矸石年排放量将达到7.95亿t，而其利用率却不足30%。陈仁朋等[15]研究了20 mm以下粒组煤矸石路基填料（试样尺寸ϕ100 mm×64 mm）的水土特性曲线，分析了压实度、粉粒含量、最大颗粒粒径等对水土特性曲线的影响。Li等[31]通过现场试验采用煤矸石作为混凝土骨料研究了煤矸石在铁路路基中的应用。为了防止煤矸石路基因雨水冲刷引起的环境污染问题，对煤矸石路基表面铺设黏土进行包边处理已成为一种比较成熟的施工方法[2]。

中国矿业大学王东权团队以淮南某矿区煤矸石为研究对象，通过FLAC 3D模拟了煤矸石材料随时间衰变对路堤稳定性的影响[32]；探究了铁路输煤专线煤矸石路堤边坡的水稳定性[33]；同时，还研究了改性煤矸石在矿区重载道路中的应用[23]。长安大学王选仓团队以青兰高速邯涉段为依托，分析了颗粒破碎对压实、水稳、强度的影响并研究了煤矸石的施工技术及质量控制要点[34]，开展了煤矸石路用性能指标试验（包括筛分、压碎值、承载比等），并对三种现场压实方法的压实效果进行了对比研究[17]；以邢汾高速公路为依托，采用有限元方法对台背差异沉降量与路基包边土厚度进行了研究[35]，确定了煤矸石作为路基填料的分级标准并分析了路基高度、包边土厚度、压实度等对沉降的影响[19]。

由上述分析可知，现有研究中已有不少基于小型（试样尺寸：ϕ39.1 mm×80 mm）与中型（试样尺寸：ϕ100 mm×200 mm）三轴试验仪对于煤矸石细颗粒的研究，然而在公路路基的实际填筑中，粗颗粒的含量也是决定路基承载能力的关键所在，但是现有研究中基于大型三轴试验对于煤矸石路基填料粗颗粒力学性质的研究依然鲜见报道。因此，本书首先分析现有各级配方程对于级配设计的适用性，获取级配良好范围内对应级配参数的具体取值区间并在该区间内对试样的级配进行设计，对煤矸石路基填料压实特性的级配效应进行研究并获取煤矸石路基填料的最优级配区间。在此基础上，结合路基的实际环境，考虑路基填料颗粒级配、路基填筑压实程度及路基填埋深度对路基性能的影响，通过大型动静三轴试验机对煤矸石路基填料进行室内试验，获取其强度与变形特性，并分析颗粒级配、压实度以及围压对其强度与变形特性的影响。

1.2.2 循环荷载作用下煤矸石路基填料动力特性

路基填料静力特性的研究是动力特性研究的基础[36]，前文总结了大量前人的研究成果。公路路基在实际使用中将承受大次数的循环动荷载作用，因此开展公路路基填料动力特性的研究与其实际环境更为接近。

在煤矸石路基填料动力特性研究方面，刘松玉等[37]、贺建清等[38]采用ϕ39.1 mm×80 mm尺寸试样研究了5 mm以下掺土煤矸石路基填料的动强度、动弹性模量、阻尼比等动力特性，采用 Hardin-Drnevich 非线性动本构模型对其骨干曲线进行了研究。李永靖等[39]采用 ϕ100 mm×200 mm 尺寸的试样研究了循环动荷载下煤矸石路基的震陷变形，并采用有限差分程序分析了煤矸石路基的地震响应。

近年来，随着试验设备的不断完善，大型动三轴试验常被用于研究粗粒料的动力特性，然而基于大型动三轴试验对于煤矸石路基填料动力特性的研究依然鲜见报道，对煤矸石路基填料动力特性的研究依然远落后于工程实践。除此之外，其他工程填料在路基动力特性方面的研究可为煤矸石路基填料的研究提供参考。

在动力特性试验研究方面。蒋关鲁等[40]通过动三轴试验，研究了红层泥岩路基填料的动强度、临界动应力、弹性模量和阻尼比及累积沉降变形的变化规律。邓国栋等[41]利用大型动三轴仪研究了铁路路基粗颗粒填料的动力参数，分析了应力水平、固结围压、频率以及振动次数对动弹性模量和阻尼比的影响。Indraratna 等[42-44]研究了循环荷载作用下围压对铁路道砟劣化的影响，评估了钢渣、橡胶屑等多种废弃物混合作为铁路底砟的动力性能，分析了荷载和频率增加对铁路道床动力特性的影响。陈乐求等[45]采用大型三轴仪研究了水泥改良泥质板岩粗粒料的动力特性，结果表明，改良后泥质板岩粗粒料的刚度、动应力强度的应变率效应、静强度、黏聚力均得到提高，而黏滞性降低，改良效果明显。高冉等[46]以我国南海珊瑚岛礁吹填工程为背景，通过循环动三轴试验研究了吹填体钙质砂地基土的动力特性。Zhang 等[47]采用改进的 MTS-810 试验仪分析了不同粗粒含量对冻结粉土动力特性的影响。张凌凯等[48]利用大型动三轴试验仪对堆石料进行了常规、等 p 和等 q 三种应力路径下的循环加载试验，分析了围压、固结应力比、动应力比对体应变和偏应变的影响。王家全等[49]通过不同加筋层数与围压下加筋砾性土的动三轴试验，分析了加筋层数与围压对其动力特性的影响。孙静等[50]通过 GDS 动三轴仪研究了不同负温下多次冻融循环后粉砂土的动应力、动模量、动模量比和阻尼比等动参数的变化规律。

目前，在颗粒材料（如土、砂、粗粒土、堆石料等）动应力-动应变关系的研究中，双线性模型也有应用，黏弹性模型研究较多且应用较广泛，弹塑性模型也在迅速发展。现有研究中，最常用的两种骨干曲线表达式为 Hardin-Drnevich 表达式与 Ramberg-Osgood 表达式[51]。迟世春等[52]通过 Hardin-Drnevich 骨干曲线模型与 Masing 准则构造的滞回圈形成了小应变动力耗散函数，再从热力学出发分析了屈服面与能量耗散。栾茂田[53]基于 Ramberg-Osgood 模型与 Masing 准则，改造了变参数 Ramberg-Osgood 模型。胡勤等[54]在栾茂田的基础上，确定了模型参数 R 与最大阻尼比的关系以及模型参数 α 与 C 的关系，并通过 Abaqus 软件对 Ramberg-Osgood 模型进行了修正。迟世春等[55]基于栾茂田研究的变参数 Ramberg-Osgood 模型，认为模型参数是随着动剪应力而变化的，并采用变参数 Ramberg-Osgood 模型对筑坝土石料的动力特性进行了描述。在 Ramberg-Osgood 模型参数的研究中，Veletsos 等[56]认为，砂土和黏土的 Ramberg-Osgood 模型参数分别为：$\alpha=1.0$，$R=3.0$，$C=0.8$ 和 $C=0.4$；Idriss 等[57]取 Ramberg-Osgood 模型参数为：$\alpha=0.5$，$R=3.5$，$C=1.0$；有学者认为，反滤料的 Ramberg-Osgood 模型参数为：$\alpha=1.7$，$R=1.8\sim2.0$，$C=0.6$[55]。此外，蔡袁强等[58]通过杭州软黏土的循环三轴试验，将所建立的软化指数经验模型引入 Iwan 串联模型中考虑软化的影响，通过串联理想刚塑性元件分析了累积变形，并基于 Masing 准则分析了其动应力-动应变关系。郭晓霞等[59-61]将热力学方法用于土体的动本构模型中。张宏博等[62]基于安定性与弹塑性理论提出了反映粉砂土变形的双屈服面等效黏塑性动本构模型。高源等[63]结合子增量步显式积分算法，建立了饱和砂土循环动力分析边界面模型的显式积分算法流程并将其开发到有限元软件中。李潇旋等[64]基于塑性增量流动理论、Barcelona Basic Model 模型与塑性硬化准则，考虑控制吸力的循环荷载作用，建立了描述非饱和黏性土的弹塑性双面模型。梁珂等[65-69]提出了新的动三轴试验动模量与阻尼比方法、剪切模量预测的应变-损伤状态耦合模型、最大动剪切模量预测模型。穆锐等[70]通过滞回曲线特征，基于等效动弹性模量建立了含有振动次数和围压的动本构关系经验模型。周文权等[71]研究了低围压条件循环荷载下饱和粗粒料的动力特性并建立了骨干曲线计算模型。罗飞等[72-74]采用 MTS-810 振动三轴仪研究了青藏冻结黏土与兰州冻结黄土滞回曲线的形态特征，并通过滞回曲线形态特征分析了其动力特性。黄娟等[75-76]采用小型三轴试验仪，通过分级条件下的动三轴试验研究了昆明泥炭质土的动变形特性，并分析了循环荷载下滞回曲线的演化规律。魏新江等[77]通过冻融试样的动三轴试验，分析了循环荷载作用下滞回曲线及阻尼比的演变规律。庄心善等[78-79]采用 ϕ50 mm×100 mm 尺寸试样研究了循环荷载作用下分化改良膨胀土与重塑弱膨胀土滞回曲线的形态特征。

在循环荷载作用下累积变形研究方面，Monismith 等[80]提出了指数型累积变形计算模型并得到广泛应用。张幸幸等[81]基于等价黏弹塑性模型，提出了预测长期交通荷载作用下路基沉降的计算方法。Tang 等[82]、Wang 等[83]利用安定理论研究了冻土、红黏土在循环荷载作用下的累积变形。蔡袁强等[10]采用 GDS 大型三轴仪开展了循环荷载下公路路基填料的长期动力特性试验，分析了不同荷载频率下累积变形的发展规律。陈成等[11,84]针对昆明地区的泥炭质土开展了循环三轴试验，研究了其长期累积变形，建立了累积变形与循环荷载振动周次的经验公式；基于蠕变势函数与临界状态理论，建立了描述三维累积变形的简化计算方法。陈靖宇等[85]通过 GDS 大型三轴仪非饱和测试模块研究了初始基质吸力对凝灰岩碎石填料累积变形的影响。李扬波等[86]采用大型动三轴试验研究了循环荷载振动次数、围压与循环应力比对级配碎石累积变形的影响。聂如松等[87]设计了间歇性动荷载下路基细粒料的动三轴试验，并分析了间歇加载条件下路基填料的塑性变形。冷伍明课题组针对循环荷载作用下重载铁路路基粗粒料的累积变形进行了大量研究，获得了路基填料的临界动应力与累积应变变化规律[88]；提出了利用静强度求得动强度的公式[89]与临界动应力的经验公式[90]；给出了基于累积变形发展趋势的路基变形稳定状态和判别准则[91]；得出了累积应变预测模型[92-95]；依据安定理论与累积应变速率划分了试样的永久变形[96]；采用 Abaqus 软件建立了车辆-轨道-路基相互作用模型，分析了轨道高低不平顺对路基动力响应的影响[96-97]；通过路基足尺模型试验，分析了循环加载条件下路基的动力响应[98]。此外，刘宝等[99]建立了含水率、循环荷载振动次数、动应力水平耦合作用的累积变形预测模型。龙尧等[100]提出了含围压和循环应力比影响的路基累积变形模型。宋金华等[101]建立了动应力与冻融循环共同影响下的累积变形预测模型。

考虑大型动三轴试验的应用已较为成熟，且煤矸石作为路基填料使用时粗颗粒含量较多。因此，本书以煤矸石路基填料压实特性与静力特性研究为基础，结合前人研究成果及公路路基的实际受力情况，选取循环荷载作用下煤矸石路基填料大型动三轴试验的各动力参数，开展一系列室内大型动三轴试验，在此基础上，深入研究循环荷载作用下煤矸石路基填料的动应力-动应变关系。

1.2.3 煤矸石路基填料粗颗粒破碎

粗颗粒易破碎是煤矸石的显著特征之一，即使在压力不大的情况下煤矸石颗粒也容易发生破碎，而颗粒破碎与其工程力学性质紧密相关[102]。刘松玉等[102]分析了冻融循环与压实过程中的颗粒破碎，通过改变细颗粒的含量来模拟不同破碎程度时煤矸石的压实、渗透、水稳、压缩、承载、变形与强度特性。对煤矸石路基填料颗粒破碎相关的研究较为缺乏，其他粗粒料颗粒破碎方面的研究对煤矸石路基填料颗粒破碎的研究具有一定的参考价值。

在粗粒料颗粒破碎试验研究方面，刘汉龙等[103]、贾宇峰等[104]、蔡正银等[105]通过对大型三轴试验前后试样的颗粒分析，研究了粗粒料的颗粒破碎规律，分析了级配、密度、围压等因素对颗粒破碎的影响。高玉峰等[106]采用 Marsal[107]提出的颗粒破碎指标分析了大型三轴剪切试验中颗粒的破碎情况。Jia 等[108]通过大型三轴试验研究了筑坝堆石料在人工制样与固结以及三轴试验不同应变阶段的颗粒破碎情况。王远等[109]通过多种应力路径下堆石料的试验研究，分析了试验中塑性功的变化，结果表明，多种应力路径下塑性功与相对颗粒破碎率的相关性显著。孔宪京等[110]研究了应力路径和干湿状态对高土石坝堆石料颗粒破碎的影响。刘萌成等[111]分析了破碎的暂时与永久终止概念，定义了全局与局部破碎指标，分析了大型三轴试验各阶段粗粒料的颗粒破碎。韩华强等[112]通过循环荷载下的大型动三轴试验，将颗粒破碎划分为棱角破碎与骨架破碎。张振东等[113]探究了筑坝堆石料在循环荷载下的破碎特征，结果表明，母岩强度越低、围压与固结比以及动应力幅值越大，颗粒破碎程度越大。Fardin Rosa 等[114]研究了级配与岩性对道砟破碎的影响。

在粗粒料颗粒破碎理论分析方面，McDowell 等[115]、Zhao 等[116]、杜俊等[117]、陈镠芬等[118]、徐永福[119]均基于分形理论分析了试验前后颗粒破碎的分形特征。田海等[120]在统计熵的基础上建立了粒度熵用于量化贝壳砂颗粒的破碎。李雪梅等[121]引入裂离参量从粒组与粗粒料整体两个层面分析了大型直剪试验后粗粒料的颗粒破碎情况。Ozkan 等[122]、童晨曦等[123]建立了描述多粒组颗粒破碎的 Markov 链模型。丁建源等[124]提出了基于对数概率回归的颗粒级配曲线演化模型，并求得了相对颗粒破碎指标的数学公式。郭万里等[125]基于其提出的级配方程建立了反映粗粒料剪切中颗粒破碎演化的数学模型。赵飞翔等[126]建立了基于颗粒强度的级配演化模型，模型利用单颗粒强度确定破碎特性和模型参数。Xiao 等通过室内试验研究了堆石料的临界状态线，建立了临界状态线理论[127]，分析了颗粒破碎对临界状态线的影响[128]，提出了考虑颗粒破碎的堆石料临界状态线模型[129]及本构模型[130-131]。此外，Salim 等[132]、Sukkarak 等[133]、Guo 等[134-135]均在研究颗粒破碎的基础上，建立了考虑颗粒破碎的剪胀关系、本构模型等理论。

本书基于前人的研究成果，通过室内试验获取煤矸石路基填料静力剪切与循环动荷载试验后煤矸石的颗粒级配，分析煤矸石路基填料颗粒破碎演化规律并建立颗粒破碎演化模型。然后，分析已有的颗粒破碎量化指标，基于所建立的颗粒破碎演化模型推导出颗粒破碎率的计算公式。最后，对不同试验条件下静力剪切与循环动荷载试验后煤矸石路基填料的颗粒破碎进行量化分析。

1.2.4　颗粒破碎引起形状变化数值模拟

颗粒破碎引起颗粒材料的形状与级配发生变化，从而对其力学性质产生影响。图像分析方法常被用于颗粒材料形状变化的分析[136]。Kuo 等[137]采用研发的数字图像分析方法，发现粗粒料的成像形态特征与其他表征试验的结果具有良好的相关性。Guo 等[136,138]通过三维图像分析方法研究了颗粒形态（包括尺寸与形状）对玄武岩与石灰岩劣化的影响。Okonta[139]利用颗粒形状图与数字图像方法研究了辉绿岩逐步磨损对磨损指数的影响。Descantes 等[140]提出了一种新的图像分析方法和角度标准来研究铁路道砟颗粒的劣化过程。Deiros Quintanilla 等[141]利用 X-ray Computed Tomography 分析了颗粒尺寸和形状的演化，特别是表面粗糙度和棱角度的变化。Guo 等[142]总结了图像分析在铁路道砟形态、流变和劣化研究中的应用。基于图像分析结果，Wadell[143]最早给出了颗粒棱角圆度的定义来评估颗粒的形状，该方法被广泛应用于岩土与颗粒材料等多个研究领域[144-146]。Nie 等[147]基于 Wadell 提出的棱角圆度，利用数字图像处理和 B 样条生成技术，提出了一种棱角圆度的编程计算方法，相对于 Wadell 提出的棱角圆度，该方法使计算结果更为精确，同时也能提高计算效率。

已有不少学者研究了颗粒形状对其力学性质的影响[148-155]。颗粒材料的形状一直以来都被认为是影响其物理力学性质的关键因素，最大或最小孔隙比[156-157]、剪切强度[158]、刚度[159]以及剪胀[160]等。此外，Sarkar 等[161]对三种不同形状的材料进行了大量三轴与直剪试验，结果表明，颗粒材料的力学性质和固有特性与其颗粒形状之间存在一定关系。Mvelase 等[162]通过三维激光扫描技术确定了颗粒圆度对其抗剪强度的影响。Tutumluer 等[163]研究了颗粒形状对无黏结颗粒材料强度与变形性质的影响。采用离散元 DEM 研究颗粒形状对其力学性质的影响也是近年来的热点。Ng 等[164]采用离散元 DEM 模拟了细粒含量高达 50%二元混合物中大颗粒形状的影响。Gong 等[165]利用 DEM 研究了颗粒形状和细粒含量对细砂剪切性能的影响。Galindo-Torres 等[166]通过球形多面体颗粒采用 DEM 模拟了三维复杂形状颗粒材料的强度特性。Tian 等[167]通过对多种颗粒形状进行 DEM 模拟来探究多尺度如何随着颗粒形状的变化而演变。

在试验研究中，人们很难精确控制颗粒的形状。因此，不少研究人员倾向于通过数值模拟来精准控制颗粒的形状，而 DEM 模拟已经考虑了这一现象[168]。为了采用 DEM 模拟颗粒形状的影响，颗粒形状的模型由简单的球体积应变为球体簇[169-173]以及多面体[174-175]。计算机性能的不断发展与数值模拟技术的不断优化使采用真实颗粒形状进行 DEM 模拟的方法逐渐完善，进而可以生成所需角度的颗粒形状进行数值研究[141,176]。Huang 等[177]介绍了一种用于 DEM 模拟的三维图像分析方法用于研究颗粒形状对粗粒料力学性质的影响。Liu 等[178]采用图像辅助 DEM 方法生成具有真实形状的 DEM 颗粒，并以此模拟了道砟箱试验。

本书基于数字图像分析方法与离散元数值模拟，利用大型动三轴试验前后煤矸石路基填料的颗粒，通过自行研发的二维图像采集平台获取煤矸石颗粒的真实形状，采用颗粒形状指标量化分析试验前后煤矸石颗粒的形状，并通过离散元软件采用真实颗粒形状对颗粒破碎引起棱角圆度变化对煤矸石路基填料宏观与细观力学性质的影响进行研究。

1.3　主要研究内容与方法

1.3.1　研究内容

（1）煤矸石路用性能研究

进行煤矸石路基填料电镜扫描试验，获取其微观结构；进行 X 射线衍射试验，获取其矿物成分；进行颗粒筛分试验，便于按设计的粒径级配制备煤矸石试样，并获取其粒径级配曲线、不均匀系数、曲率系数；获取煤矸石路基填料的含水率、液限、塑限、塑性指数等指标；分析各级配方程对于级配设计的适用性，获取级配良好范围内对应级配参数的具体取值区间并在该区间内对本文中试样的级配进行设计，对煤矸石路基填料压实特性的级配效应进行研究并获取级配与压实之间的相关关系以及煤矸石路基填料的最优级配区间。

（2）循环荷载作用下煤矸石路基填料动力特性研究

静力特性的研究是动力特性研究的基础，对煤矸石路基填料开展大型静三轴试验，获取煤矸石路基填料的强度与变形特性及应力-应变的变化规律；然后依据公路路基的特点，在不同围压、不同压实度、不同颗粒级配、不同动荷载幅值等条件下，开展循环荷载作用下煤矸石路基填料大型动三轴试验，获取煤矸石路基填料的骨干曲线、滞回曲线、动弹模量、阻尼比、动应力/动应变与循环荷载振动次数的变化规律；分析不同因素对煤矸石路基填料各力学参数的影响以及滞回曲线的变化规律，建立循环荷载作用下煤矸石路基填料骨干曲线计算模型与累积变形计算模型。

（3）煤矸石路基填料颗粒破碎演化规律

上部荷载作用导致煤矸石路基填料的颗粒发生破碎，颗粒破碎引起颗粒的尺寸与形状发生变化，从而对其力学性质产生影响。基于煤矸石路基填料大型三轴试验结果，采用颗粒筛分试验，获取不同条件下试验前后煤矸石颗粒的级配变化情况，揭示颗粒级配的演化规律，建立描述煤矸石路基填料颗粒破碎的演化方程；分析已有的颗粒破碎量化指标，基于所建立的颗粒破碎演化方程推导颗粒破碎率的计算公式；对不同试验条件下静力剪切与循环动荷载试验后煤矸石路基填料的颗粒破碎进行量化分析。

（4）基于颗粒破碎的煤矸石路基填料宏细观力学特性离散元模拟

路基填料颗粒的形状和大小与公路路基的力学性能紧密相关。因此，本书基于循环荷载作用下煤矸石路基填料形状的变化，通过自行研发的二维图像采集平台获取煤矸石颗粒的真实形状，采用颗粒形状指标量化分析试验前后煤矸石颗粒的形状变化，并通过离散元软件采用真实颗粒形状探究颗粒破碎引起棱角圆度变化对煤矸石路基填料宏观（包括强度、变形、剪胀等）与细观（包括平均配位数、滑动率、颗粒弯矩等）力学性质的影响。

1.3.2 研究方法

围绕研究内容，本研究拟从现场调研切入，广泛收集国内外煤矸石路用与路基填料动力特性的研究成果，制定大型动三轴试验、理论分析及数值模拟相结合的综合研究方法。总体研究思路与方法如下：

（1）现场调研

对多个煤矿区煤矸石的排放、堆积及综合利用等现状展开调研，并确定本研究试验材料的取样点。对公路路基修建工程展开调研，收集公路路基的设计与施工资料，为开展室内试验与数值模拟研究提供参数。对公路路基修建获取填筑材料的采石场进行调研，获取采石场开采资料及开采对生态环境造成影响的现场资料。

（2）室内试验

基于对工程实际的分析，对煤矸石路基填料的路用性能进行研究，获取其路用性能指标；分析现有级配方程的适用性并设计本文试样的级配，探究煤矸石路基填料压实特性的级配效应。

在不同围压、不同压实度、不同颗粒级配、不同动荷载幅值等条件下，开展煤矸石路基填料大型静动三轴试验，获取煤矸石路基填料静力作用下的强度与变形特性及循环动荷载作用下的骨干曲线、滞回曲线、动弹模量、阻尼比、动应力、动应变的变化规律；分析不同因素对煤矸石路基填料各力学参数的影响。

基于煤矸石路基填料大型三轴试验结果，采用颗粒筛分试验，获取不同条件下试验前后煤矸石颗粒的级配变化情况；基于数字图像技术实现煤矸石颗粒的二维图形获取，采用二维条件下的颗粒形状指标，通过计算机编程量化试验前后煤矸石颗粒的形状。

（3）理论分析

基于煤矸石路基填料压实特性级配效应试验结果，建立级配与压实之间的相关关系，求取煤矸石路基填料的最优级配；基于煤矸石路基填料大型三轴试验结果，建立循环荷载作用下煤矸石路基填料骨干曲线计算模型与累积变形计算模型，分析滞回曲线的变化规律；通过煤矸石颗粒破碎过程中级配的变化，建立描述煤矸石路基填料颗粒破碎的演化方程，以此分析颗粒破碎的演化规律。

（4）数值模拟

基于循环荷载作用下煤矸石路基填料形状的变化，通过自行研发的二维图像采集平台获取煤矸石颗粒的真实形状，采用颗粒形状指标量化分析试验前后煤矸石颗粒的形状，并通过离散元软件采用真实颗粒形状探究颗粒破碎引起棱角圆度变化对煤矸石路基填料宏观与细观力学性质的影响。

1.3.3 研究技术路线

本书研究技术路线如图 1-2 所示。

图 1-2 研究技术路线图

第 2 章 煤矸石路基填料基本性质及级配优选

2.1 引言

级配对颗粒材料力学性质的影响很大，不少学者都对此进行了大量研究。现有研究中也提出了不少级配方程，且对级配方程的应用也较为常见。但是，已有研究中对于级配方程对级配设计适用性的分析鲜见报道，且在级配良好范围内对应级配参数具体取值区间的确定较少。

本章主要为开展煤矸石路基填料大型三轴试验做前期研究，主要研究内容包括：

(1) 对煤矸石试验材料的路用性能进行研究。

(2) 获取煤矸石材料的微观结构与矿物成分。

(3) 分析现有各级配方程对于级配设计的适用性，获取级配良好范围内对应级配参数的具体取值区间并在该区间内对本研究试样的级配进行设计，对煤矸石路基填料压实特性的级配效应进行研究并获取煤矸石路基填料的最优级配区间。

2.2 常规性能

煤矸石颗粒材料取自湖南省湘潭市某废弃煤矿，煤矸石现场堆积如图 2-1 所示。现场取样约 15 t，然后运至实验室开展室内试验研究。煤矸石颗粒呈黑色、黑灰色，为未发生自燃的煤矸石。我国煤矸石中的岩石主要有泥岩、页岩、砂岩、砾岩、石灰岩、黏土岩等。经鉴定，该煤矿煤矸石主要含有砂岩、石灰岩、页岩以及泥岩等。煤矸石试样原始颗粒粒径跨度较大，既存在小于 0.075 mm 以下的细小颗粒，也存在几十厘米的块石。本研究所开展的室内试验所允许的最大粒径不超过 60 mm，而目前对于粗粒料缩尺效应的研究方法[179-180]主要包括相似级配法、剔除法、等量替代法和混合法，考虑本研究的试样为人工配制级配制样，故结合已有的成果采用剔除法将煤矸石颗粒材料中粒径大于 60 mm 的超粒径颗粒剔除。煤矸石颗粒多棱角且棱角尖锐、表面粗糙、形状极不规则、天然状态坚硬。将运至实验室的煤矸石颗粒在 105～110 ℃的干燥箱内(不少于 24 h)烘干至恒重，然后采用筛分法[181]，采用孔径为 60 mm、40 mm、20 mm、10 mm、5 mm、2 mm、0.5 mm、0.075 mm 的标准筛过筛后进行人工制样，筛分试验后煤矸石颗粒各粒组效果图如图 2-2 所示。依据试验规程[181]，获取了煤矸石路基填料的天然含水率为：2.20%～2.98%；煤矸石路基填料细粒料的液限为 31.46，塑限为 20.57，塑性指数为 10.89。

图 2-1　湘潭市某煤矿煤矸石

图 2-2　煤矸石颗粒各粒组效果图

2.3 煤矸石路基填料微观结构与矿物成分

采用日本电子株式会社生产的 JSM-6380LV 型扫描电子显微镜(SEM, scanning electron microscope)对干燥的煤矸石试样进行微观结构分析,试验设备如图 2-3 所示。图 2-4 展示了不同放大倍数时煤矸石试样典型的电镜扫描图像,由图可知,煤矸石表面较为粗糙,层状和片状颗粒较多,各颗粒间通过胶结连接且连接处具有明显的接触缝隙,内部孔隙较多。

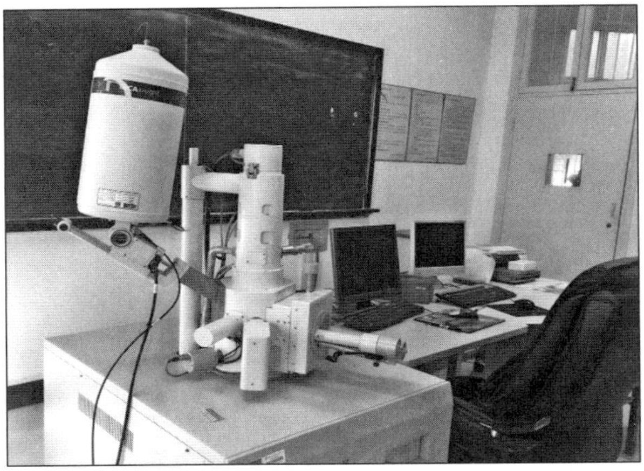

(a)

(b)

图 2-3 扫描电子显微镜(JSM-6380LV 型)

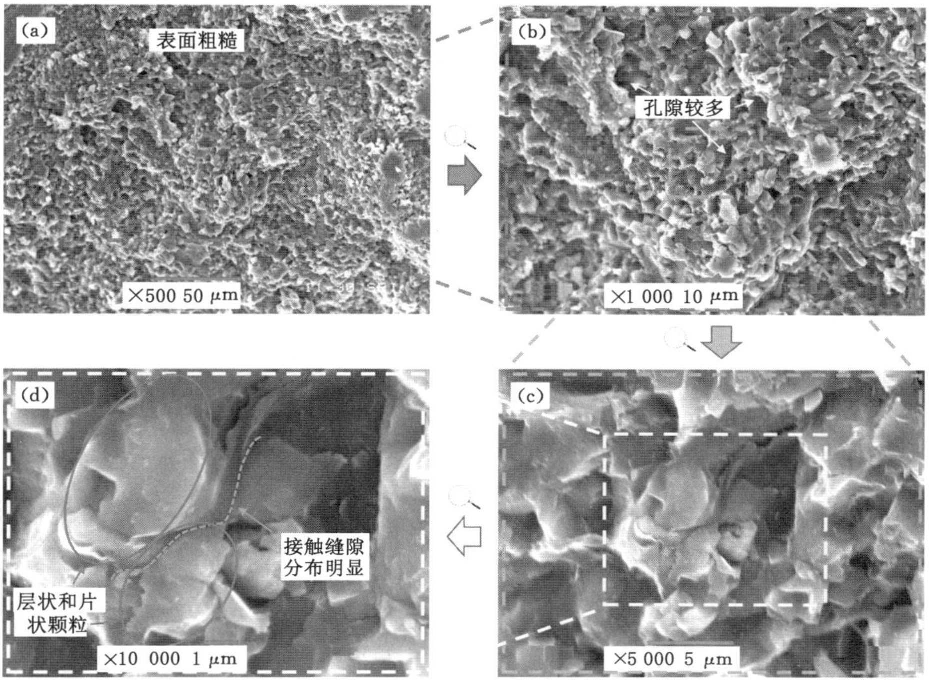

图 2-4　煤矸石试样典型电镜扫描图像

采用德国布鲁克 AXS 有限公司生产的 D8 Advance 型 X-粉末衍射仪对煤矸石试样进行矿物成分分析，试验设备如图 2-5 所示。图 2-6 所示为煤矸石试样 X-射线衍射结果，图 2-7 给出了煤矸石试样的矿物成分，图 2-6 与图 2-7 所示结果为四组试验的平均值。由图 2-6 和图 2-7 可知，煤矸石试样的主要矿物成分为石英，含量达到 44.72%；其次为方解石，含量达到 29.54%，同时也含有尖晶橄榄石、硅酸镁、碳硼硅钙镁石、氧化铝、镁方解石等其他矿物质。

通过上述分析可知，煤矸石试样中含有不少硅、铝、钙等元素的氧化物。这些氧化物能在一定条件下发生化学反应生成水化铝酸钙、水化硅酸钙、$Ca(OH)_2$ 和 $CaCO_3$ 结晶等产物，能够增强各颗粒之间的黏聚力[26]，从而产生对工程有益的影响。

(a) X射线衍射仪外观图

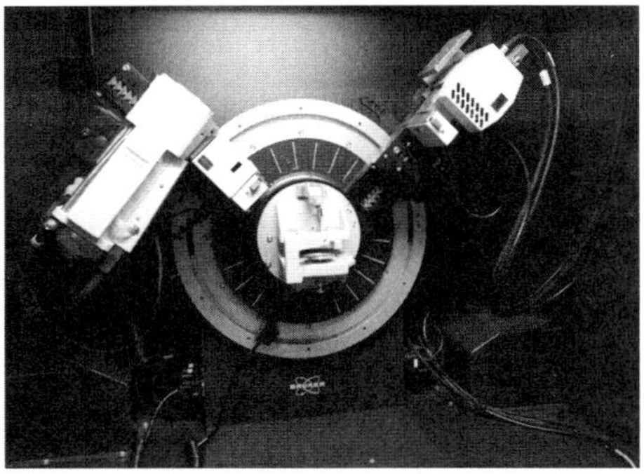

(b) X射线衍射仪试样放置图

图 2-5　X-射线衍射仪(D8 Advance 型)

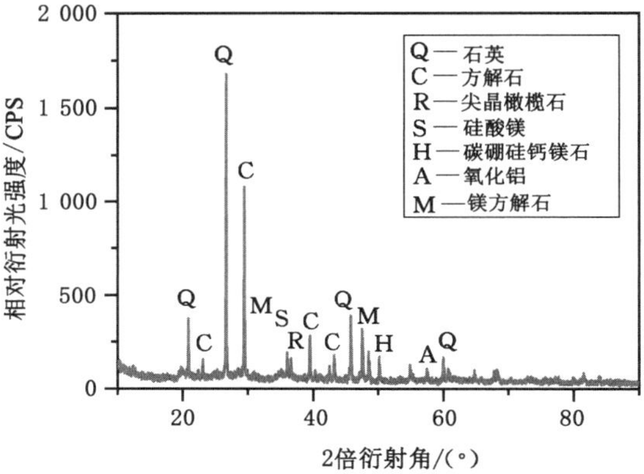

图 2-6　煤矸石 X 射线衍射结果

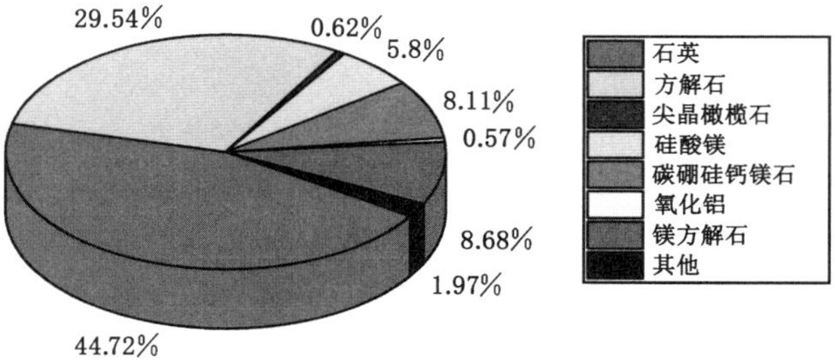

图 2-7　煤矸石矿物成分

2.4　煤矸石路基填料级配优选

2.4.1　级配设计理论

目前，对于颗粒材料级配状况描述唯一的方法是采用级配曲线进行表述[182]。但由于完整级配曲线中含有较多数据而缺少量化指标，故难以对颗粒材料不同级配的粒度分布情况进行整体比较[183]。为了完整地表述颗粒的级配状况以及定量分析级配与相关物理力学指标间的关系，可建立级配方程，采用数学公式量化颗粒材料的级配状况，这对于工程实践与学术研究均具有重要的意义。本节在总结现有研究中常用的级配方程基础上，通过对比分析各级配方程对于级配设计的适用性，并采用级配方程设计本研究试样的颗粒级配。

(1) 现有级配方程总结

Fuller 等[184]提出了抛物线形式的级配方程：

$$P_i = \sqrt{\frac{d_i}{d_{\max}}} \times 100\% \tag{2-1}$$

式中：d_i 为颗粒粒径；P_i 为小于粒径 d_i 的累积质量分数(%)；$d_{\max}$ 为粒径最大值。

Talbot 等[185]提出了分形模型级配方程：

$$P_i = \left(\frac{d_i}{d_{\max}}\right)^{3-D} \times 100\% \tag{2-2}$$

式中：D 为分形维数。

Talbot 认为实际材料的级配应允许有波动，故将式(2-2)改写为：

$$P_i = \left(\frac{d_i}{d_{\max}}\right)^{n} \times 100\% \tag{2-3}$$

式中：n 为级配指数。

Rosin[186]提出了指数形式的级配方程：

$$P_i = \left\{1 - \exp\left[-\left(\frac{d_i}{X}\right)^{\alpha}\right]\right\} \times 100\% \tag{2-4}$$

式中：α，X 均为拟合参数。

式(2-4)级配方程的形式与威布尔 Weibull 函数形式相同，其函数表达式为[187]：

$$P_i = a - b \times \exp(-c x_i^n) \tag{2-5}$$

式中：a，b，c，n 均为模型参数。

令 $x_i = d_i / d_{\max}$，朱晟等[180]提出了基于威布尔 Weibull 模型的级配方程：

$$P_i = \frac{1 - \exp(-c x_i^n)}{1 - \exp(-c)} \times 100\% \tag{2-6}$$

Swamee 等[188]提出了适用于天然泥沙的级配方程：

$$P_i = \left[\left(\frac{d_*}{d_i} \right)^{\frac{m}{n}} + 1 \right]^{-n} \times 100\% \tag{2-7}$$

式中：m，n 均为拟合参数；d_* 为与 m 相关的过渡直径。

Morgan 等[189]提出了 Morgan-Mercer-Florin（MMF）模型。朱晟[190]在此基础上提出以下关系式：

$$P_i = \frac{ab + k x_i^{\lambda}}{b + x_i^{\lambda}} \times 100\% \tag{2-8}$$

式中：a，b，k，λ 均为模型参数。

由于连续级配曲线通过点（0，0）与（1，100%），可得：$a = 0$，且 $b = k - 1$。为此，式（2-8）可写为 MMF 模型级配方程：

$$P_i = \frac{k x_i^{\lambda}}{k - 1 + x_i^{\lambda}} \times 100\% \tag{2-9}$$

当 $k \neq 0$ 时，将 $x_i = d_i / d_{\max}$ 代入式（2-9），可得：

$$P_i = \frac{1}{\left(1 - \frac{1}{k}\right) \left(\frac{d_{\max}}{d_i} \right)^{\lambda} + \frac{1}{k}} \times 100\% \tag{2-10}$$

式（2-10）与朱俊高等[182]构造的级配方程相同。

吴二鲁等[191]提出，令 $\lambda = \sqrt{1/k}$，基于式（2-10）可进一步构造单参数级配方程。为了与式（2-10）区分，采用 k_0 表示为：

$$P_i = \frac{1}{\left(1 - \frac{1}{k_0}\right) (d_{\max}/d_i)^{\sqrt{1/k_0}} + \frac{1}{k_0}} \times 100\% \tag{2-11}$$

（2）各级配方程的相关性分析

根据参数的数量，可将式（2-1）～式（2-11）的级配方程分为单参数级配方程与两参数级配方程。在单参数级配方程中，对于式（2-2）而言：当 $D = 2.5$ 时，式（2-1）和式（2-2）相同；当 $D = 3 - n$ 时，式（2-3）和式（2-2）相同。因此，式（2-2）在本质上包含了式（2-1）和式（2-3）。在两参数级配方程中，式（2-4）和式（2-6）均由 Weibull 模型得到，级配方程的函数形式相同。对于式（2-6），当 $c \to 0$ 时，有：

$$\lim_{c\to 0} P_i = \lim_{c\to 0} \frac{1-\exp(-cx_i^n)}{1-\exp(-c)} \times 100\% \tag{2-12}$$

式(2-6)可写为[180]：

$$\lim_{c\to 0} P_i = x_i^n \times 100\% = \left(\frac{d_i}{d_{\max}}\right)^n \times 100\% \tag{2-13}$$

对于式(2-9)的 MMF 模型级配方程，当 $k\to\infty$时，式(2-9)可写为：

$$P_i = \left(\frac{d_i}{d_{\max}}\right)^\lambda \times 100\% \tag{2-14}$$

式(2-11)的级配方程由式(2-9)构造而来。对于式(2-7)的级配方程，当 $n=-1$ 时，式(2-7)可表述为：

$$P_i = \left[\left(\frac{d_i}{d_*}\right)^m + 1\right] \times 100\% \tag{2-15}$$

由上述分析可知，现有的级配方程均与分形模型级配方程存在一定的联系。

(3) 本研究级配设计

本研究采用分形模型级配方程[式(2-2)]进行级配设计。基于分形模型级配方程，设计 10 组不同级配的煤矸石路基填料进行压实特性的级配效应研究。

路基填料级配良好的控制参数为不均匀系数 C_u 和曲率系数 C_c，其计算公式为：

$$C_u = \frac{d_{60}}{d_{10}} \tag{2-16}$$

$$C_c = \frac{(d_{30})^2}{d_{10} d_{60}} \tag{2-17}$$

式中：d_{60}，d_{30}，d_{10} 分别为级配曲线中小于某粒径累积百分数为 60%、30%、10%时所对应的粒径。

由式(2-2)可得：

$$d_i = d_{\max} P_i^{\frac{1}{3-D}} \tag{2-18}$$

本书取 $d_{\max}=60$ mm。对于级配良好的路基填料，满足：$C_u \geqslant 5$，且 $1\leqslant C_c \leqslant 3$[192]。将式(2-18)代入式(2-16)与式(2-17)，可得：

$$C_u = 6^{\frac{1}{3-D}} \tag{2-19}$$

$$C_c = \left(\frac{3}{2}\right)^{\frac{1}{3-D}} \tag{2-20}$$

由此可知，良好级配分形维数的取值范围为：

$$1.8867=3-\frac{\lg 6}{\lg 5}\leqslant D\leqslant 3-\frac{\lg \frac{3}{2}}{\lg 3}=2.6309 \qquad (2\text{-}21)$$

按照分形维数递增的顺序，设计 10 组不同分形维数的级配曲线开展煤矸石路基填料压实特性的级配效应研究。试验方案见表 2-1；C_u、C_c 随 D 的变化见图 2-8；试验设计级配曲线见图 2-9；不同级配煤矸石堆积效果见图 2-10（图中每桶质量为 11.33 kg）。

表 2-1 煤矸石路基填料压实特性级配效应试验方案

序号	1	2	3	4	5	6	7	8	9	10
D	1.89	1.98	2.05	2.13	2.21	2.29	2.37	2.45	2.53	2.61
C_u	5.02	5.69	6.59	7.84	9.66	12.47	17.19	25.99	45.25	98.91
C_c	1.44	1.48	1.53	1.59	1.67	1.77	1.90	2.09	2.37	2.83

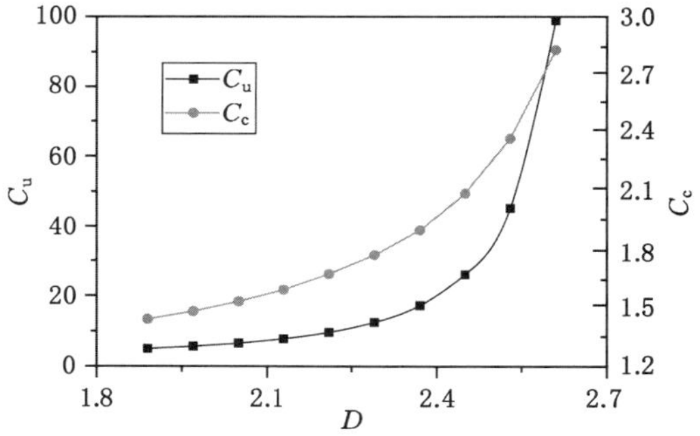

图 2-8 C_u、C_c 随 D 的变化

（4）采用分形模型级配方程设计试验级配的适用性分析

在两参数级配模型中，朱俊高等对 MMF 模型级配方程描述级配的适用性及其应用开展了大量的理论分析与试验研究[182,192-195]。结果表明：两参数 MMF 模型级配方程对于填料级配描述的精确程度高于单参数分型模型级配方程。然而，对于试验级配的设计而言，采用分形模型级配方程比采用 MMF 模型级配方程及其他级配方程更为有利，理由如下：

第一，分形模型级配方程参数的意义非常明确，对式（2-2）两边取对数，得到 $(3-D)\times\lg P_i=\lg(d_i/d_{\max})$，故分形模型级配方程参数的数学意义为：双对数坐标系中决定直线斜率的参数。由图 2-9 和图 2-10 可知，分形模型级配方程参数的工程意义在于可以决定粗细颗粒含量的参数：D 值越大，细颗

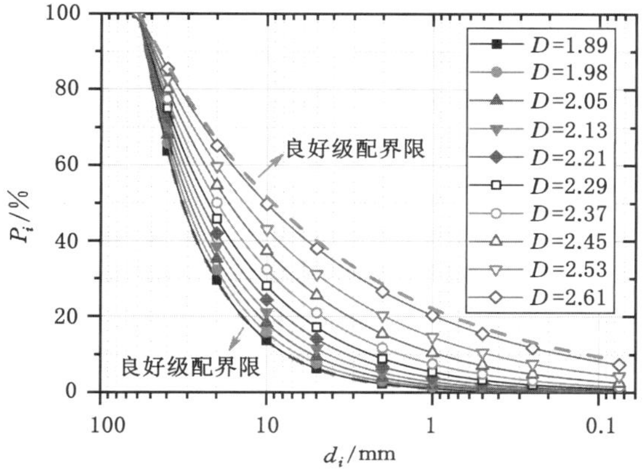

图 2-9　试验设计级配曲线

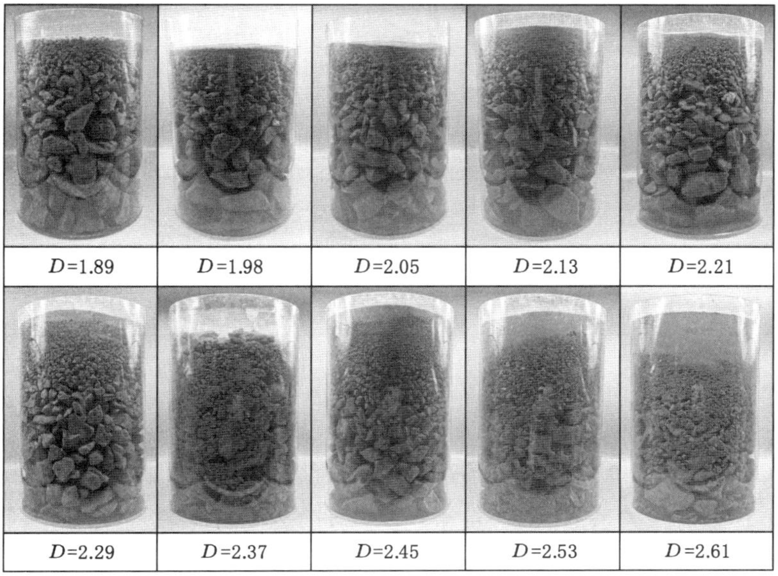

图 2-10　不同级配煤矸石堆积效果

粒含量就越多；D 值越小，粗颗粒含量就越多。分形模型级配方程仅含有一个参数，唯一的参数有利于试验设计时参数的控制，也有利于对试验结果的分析讨论。

第二，为了与已有成果的级配设计进行对比分析，本研究选取已有文献[196-199]中最大粒径为 60 mm 的试验级配设计进行对比。其级配方程为式(2-10);级配参数 λ 与 k 见表 2-2(表 2-2 中 S 为级配曲线与横坐标轴、$d_i=60$ mm 及 $d_i=0.075$ mm 线围成的面积)。

表 2-2　已有文献级配方程参数

编号	λ	k	S	C_u	C_c
1	1	5/3	0.578	8.81	1.34
2	1	10/3	0.466	7.10	1.44
3	1	5	0.366	6.68	1.46
4	1	−1	0.283	4.13	1.56
5	0.8	5/3	0.660	15.18	1.44
6	0.8	10/3	0.542	11.58	1.58
7	0.8	−5	0.432	8.35	1.69
8	0.8	−1	0.338	5.88	1.75
9	0.6	5/3	0.754	37.60	1.63
10	0.6	10/3	0.638	26.21	1.84
11	0.6	−5	0.521	16.95	2.02
12	0.6	−1	0.415	10.61	2.10
13	0.4	5/3	0.859	230.54	2.09
14	0.4	10/3	0.758	134.21	2.49
15	0.4	−5	0.644	69.80	2.87
16	0.4	−1	0.530	34.56	3.05

为了分析分形模型级配方程对于已有文献[196-199]中级配设计的适用性,将表 2-2 中已有文献中的级配设计转换为采用分形模型[式(2-2)]进行表征,求得的分形维数 D 与相关系数 R^2 如图 2-11 所示。由图 2-11 可知,转换为分形模型级配方程后的相关系数 $R^2 \geqslant 0.986\ 7$。因此,采用分形模型级配方程能对已有文献中 MMF 模型级配方程设计的级配曲线进行较为准确的描述。

为了分析最新研究中提出单参数级配方程对级配设计的适用性,将表 2-2 中文献[196-199]的级配设计转换为采用单参数级配方程[式(2-11)]进行表征,求得的级配参数 k_0 与相关系数 R^2 如图 2-12 所示。由图 2-12 可知,转换为单参数级配方程后的相关系数变化幅度较大,较小的有 $R^2=0.441\ 7$、$R^2=0.599\ 1$。因此,式(2-11)单参数级配方程对于试验级配的描述程度尚有待进一步研究。

第三,两参数级配方程中 MMF 模型级配方程的研究最为广泛,采用两参数

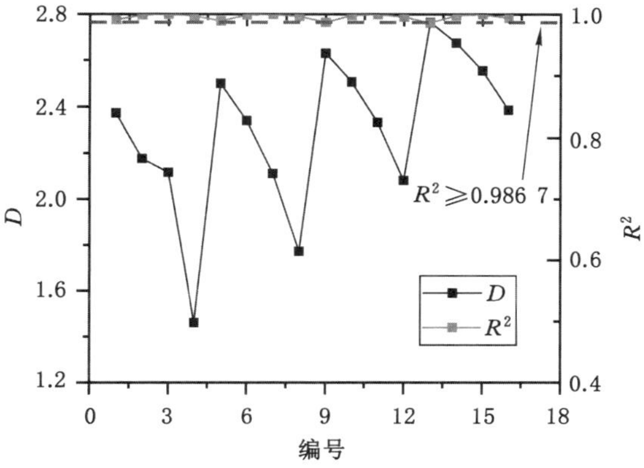

图 2-11　已有文献[196-199]级配设计转换为式(2-2)的分形模型级配方程

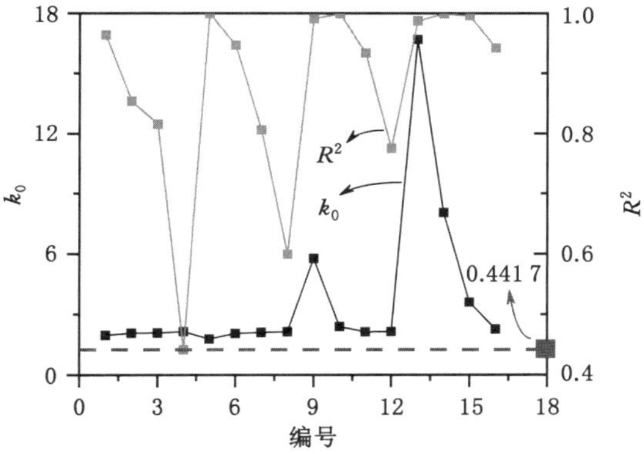

图 2-12　已有文献[196-199]级配设计转换为式(2-11)的单参数级配方程

MMF 模型级配方程进行级配设计时，需要同时改变两个级配参数 m 与 k，这对于试验级配的设计及对试验结果的讨论较为不便。所以，文献[196-199]中通过级配参数 m 与 k 求解级配曲线面积，进而采用级配曲线面积进行研究。但是，相同级配曲线面积所对应的级配参数 λ 与 k 的解并不唯一。同理，其余两个参数级配方程也存在相同的现象。

此外，采用分形模型级配方程可以直接求解得到良好级配的参数 D 取值范围。由式(2-21)可知，当 $1.886\ 7 \leqslant D \leqslant 2.630\ 9$ 时，该级配均匀性良好。而对于两参数 MMF 模型级配方程，Zhu 等[193]通过研究得到了一般填料参数的取值范围，但没有给出级配良好的精确解。

2.4.2 试验设备与试验方法

我国相关规范中指出，确定粗粒料压实特性的方法有：表面振动压实仪法和振动台法[181]。本书采用江苏某公路仪器有限公司生产的 BZYS-4212 型表面振动压实仪确定煤矸石路基填料的压实特性。试验仪器见图 2-13；试验仪器相关参数见表 2-3。该仪器及其试验方法被广泛应用于粗粒料最大干密度的获取。

本研究采用的煤矸石路基填料颗粒粒径小于 60 mm，加水拌和后，水分难以渗入煤矸石粗颗粒内部，大多仅黏附在粗颗粒表面。Winter 等[200]研究表明，粗粒料干密度不易受含水量变化的影响。因此，本书采用干土法获取煤矸石路基填料的压实参数，将烘干及筛分后的煤矸石颗粒依据上述级配设计方案分别配制成 10 组不同级配的试样。试验方法参考《公路土工试验规程》(JTG 3430—2020)[181]，详细试验步骤如下：

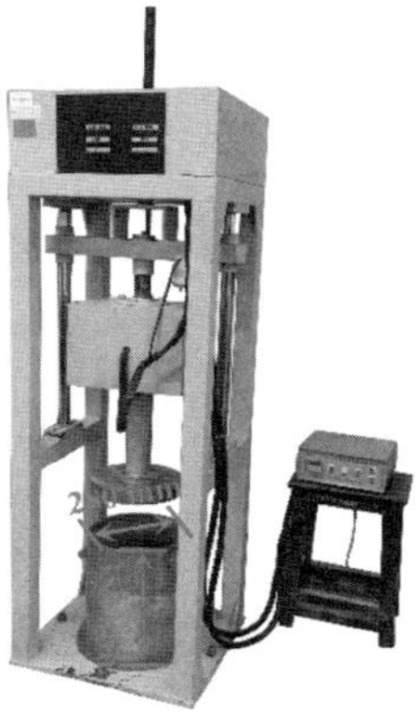

图 2-13　表面振动压实仪

(1) 将不同粒组的煤矸石颗粒充分混合均匀，然后将其分为 3 份。

(2) 取其中 1 份用小勺将其置于试筒之中，之后整平试样表面。

(3) 点击下降按钮使夯板与试样表面接触，然后使仪器振动 6 min。

(4) 将压实后试样表面刮毛，按照上述方法依次完成其余 2 份试样的振动压实后测量试样顶面距离试筒顶部的距离，取 4 个均匀分布于试样表面的位置测量后取平均值。

(5) 重复振动 6 次，每次振动 6 min，分别测量不同击实次数条件下试样顶面与试筒顶部的距离。

表 2-3　表面振动压实仪参数

参数名称	参数值
激振力/kN	60
表面静压力/kPa	18
振动频率/Hz	50
试筒尺寸/mm	ϕ280×350
试样质量/kg	34

2.4.3　级配效应

图 2-14 所示为煤矸石路基填料最大干密度($\rho_{d,max}$)与分形维数(D)的关系曲线。由图 2-14 可知，随着分形维数的增加，最大干密度由最小值 1.861 2 g/cm^3 增大至最大值 2.104 3 g/cm^3 后又减小至 2.032 3 g/cm^3，最大值与最小值相差 13%；当 $D=2.45$ 时，$\rho_{d,max}$ 达到最大值 2.104 3 g/cm^3。Wu 等[198-199]通过研究得到良好级配范围，即马吉土石坝粗粒料最大粒径为 60 mm 时的最大干密度分布在 1.856～2.167 g/cm^3，这与本研究中煤矸石路基填料的最大干密度区间较为接近。

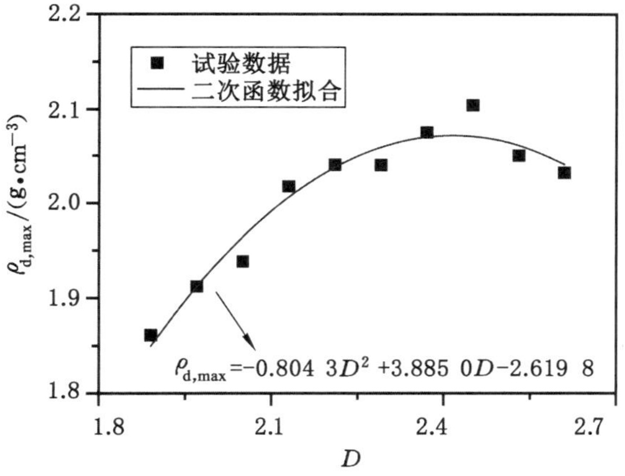

图 2-14　最大干密度与分形维数的关系曲线

首先将煤矸石路基填料的 $\rho_{d,max}$ 与 D 进行回归分析，得到 $\rho_{d,max}$ 与 D 满足良好的二次函数关系，可用下式表示：

$$\rho_{d,max}=a_1D^2+b_1D+c_1 \tag{2-22}$$

式中：a_1，b_1，c_1 均为二次函数拟合参数，$a_1=0.804\ 3$，$b_1=3.882\ 0$，$c_1=-2.619\ 8$，则相关系数 $R^2=0.936\ 8$；$\rho_{d,max}$ 为最大干密度，g/cm^3；二次函数的顶点坐标为(2.42，2.071 6)。

由上述分析可知，级配对煤矸石路基填料的压实特性存在较大影响，随着细颗粒含量的增加(分形维数越大，细颗粒含量越多)，其最大干密度先增大、后减小，体现出颗粒之间的充填关系先变优、后变差，这种现象反映出煤矸石路基填料的颗粒级配存在最优区间。究其原因在于，当细颗粒含量较少时，试样内部以大颗粒为主，大颗粒之间的孔隙没有被细颗粒完全填充，试样承载能力较弱，轴向变形较大；当细颗粒含量较多时，细颗粒过多地分布在大颗粒之间起到“润滑”作用，导致剪切面上的摩擦作用减弱，从而影响其承载性能。贺建清等[38]在煤矸石中掺入不同含量的黏土，开展了动力特性研究(其试样尺寸为 ϕ39.1 mm×80 mm)，认为黏土会起到“润滑”作用，导致颗粒间咬合不再那么紧密，接触面粗糙度降低，这与本研究中细颗粒含量增大时试样表现出的性质是一致的。

2.4.4 振动持续时间对最大干密度的影响

为研究表面振动击实仪振动持续时间对煤矸石路基填料压实特性的影响，可将试筒中的试样重复振动 6 次，每次振动 6 min，分别记录不同振动持续时间条件下试样顶面与试筒顶部的距离。图 2-15 所示为不同振动持续时间条件下最大干密度与分形维数的关系曲线。图 2-15 中散点为不同振动持续时间条件下的试验点，拟合曲线采用式(2-22)回归分析得到，拟合参数见表 2-4。由表 2-4 可知，不同振动持续时间条件下试样的 $\rho_{d,max}$ 与 D 均满足良好的二次函数关系，相关系数 $R^2 \geqslant 0.9027$。

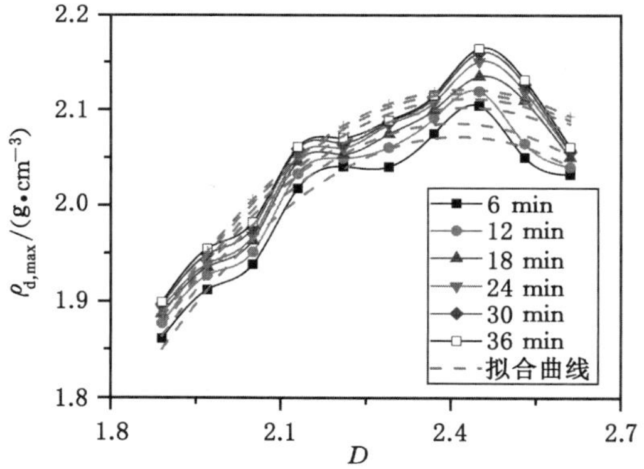

图 2-15　不同振动持续时间条件下最大干密度与分形维数的关系曲线

表 2-4　拟合参数

振动持续时间/min	6	12	18	24	30	36
a_1	−0.804 3	−0.826 7	−0.790 2	−0.810 6	−0.824 6	−0.817 1
b_1	3.885 0	3.981 7	3.838 5	3.938 1	3.997 5	3.963 8
c_1	−2.619 8	−2.708 8	−2.559 3	−2.671 3	−2.727 4	−2.686 3
R^2	0.936 8	0.932 5	0.926 5	0.914 4	0.902 7	0.903 8
顶点坐标	(2.42,2.071 6)	(2.41,2.085 7)	(2.43,2.102 3)	(2.43,2.111 6)	(2.42,2.117 2)	(2.43,2.121 2)

由图 2-15 可知：

(1) 当振动持续时间小于 18 min 时，各曲线之间的间距比较明显，而当振动持续时间大于 18 min 时，各曲线趋于重合。

(2) 各曲线之间的间距随着振动持续时间的增加而不断减小。

(3) 不同级配条件件下振动持续 36 min 与 6 min 时，$\rho_{d,max}$ 相差 1.41%～3.96%。

图 2-16 所示为最大干密度与击实次数的关系曲线。由图 2-16 可知，随着振动持续时间的增加，曲线的增长较为平缓。而不同分形维数条件下各曲线的间距非常明显。

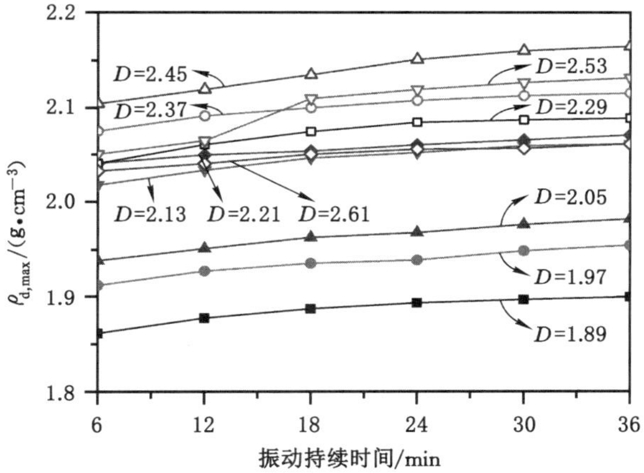

图 2-16　最大干密度与振动持续时间的关系曲线

综上所述，振动持续时间对煤矸石路基填料的压实特性存在轻微的影响。

2.4.5　最优级配区间

通过二次函数回归分析获取了煤矸石路基填料为 $\rho_{d,max}$ 时的分形维数，见表 2-4 中的顶点坐标。由表 2-4 可知，不同振动持续时间条件下 $\rho_{d,max}$ 的分形维数变化不大，分布区间在：$2.41 \leqslant D \leqslant 2.43$。同时，考虑我国规范 JTG 3430—2020[181] 中采用振动击实 6 min 时的最大干密度作为室内试验与工程施工的质量控制指标，故本节采用振动击实 6 min 时煤矸石路基填料的压实特性确定其最优级配区间。

吴二鲁等[196]采用级配曲线面积 S_G（即级配曲线与横坐标轴、$d_i = 60$ mm 及 $d_i = 0.075$ mm 线围成的面积）确定的最优级配区间对应的 S_G 取值区间为：$[S_G \times 0.7, S_G \times 1.3]$。依据其确定最优级配区间的方法，由式(2-2)可得：

$$\lg d_i = \lg (d_{max} \cdot P_i^{\frac{1}{3-D}}) \tag{2-23}$$

因为$d_{i,min} \neq 0$,所以 $P_{i,min} \neq 0$,$P_{i,min}$ 只能无限接近零。

在单对数坐标系中,令 $P_{i,min} \to 0$,对 $\lg d_i$ 求积分,可得:

$$S_G = \lim_{P_{i,min} \to 0} S_G = \int_{P_{i,min}}^{1} \lg(d_{max} \cdot P_i^{\frac{1}{3-D}})\, dP_i \tag{2-24}$$

式中:$d_{i,min}$ 为颗粒粒径的最小值,mm;$P_{i,min}$ 为 $d_{i,min}$ 时对应的含量,%。

图 2-17 所示为S_G 计算示意图。求解式(2-24),可得:

$$S_G = 1.78 + \frac{1}{(D-3)\ln 10} \tag{2-25}$$

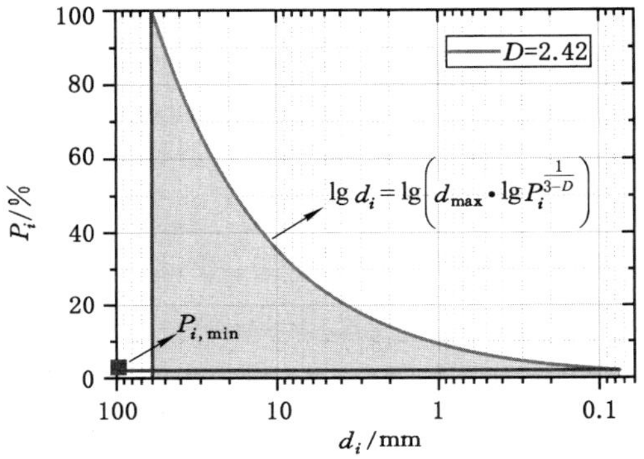

图 2-17　S_G 计算示意图

由式(2-22)获取的煤矸石路基填料振动击实 6 min 时,最优级配对应的 $D=2.42$。代入式(2-25),得到最优级配对应的 $S_G=1.03$。从而得到煤矸石路基填料最优级配区间 S_G 的取值满足:$0.72 \leqslant S_G \leqslant 1.34$,对应 D 的区间为:$2.035 \leqslant D \leqslant 2.590$。依据国家规范 SL 274—2020[201]与 Zhu 等[193]的建议,粗颗粒填料中小于 0.075 mm 的含量应小于 5%,由式(2-2)可得:

$$P_i = \left(\frac{0.075}{d_{max}}\right)^{3-D} < 5\% \tag{2-26}$$

求解上式可得:$D \leqslant 2.55$。

综上所述,煤矸石路基填料最优级配区间范围为:$2.04 \leqslant D \leqslant 2.55$,级配分布如图 2-18 所示。吴二鲁等[196]得到马吉土石坝粗粒料最优级配时,式(2-10)中的级配参数为 $\lambda=0.836$、$k=2.985$ 以及 $\lambda=0.370$、$k=2.320$,对应于式(2-2)中 D 的范围为:$2.22 \leqslant D \leqslant 2.71$,相关系数 $R^2=0.998\ 3$、$0.995\ 6$。由此可见,不同材料的最优级配区间存在一定的差距。

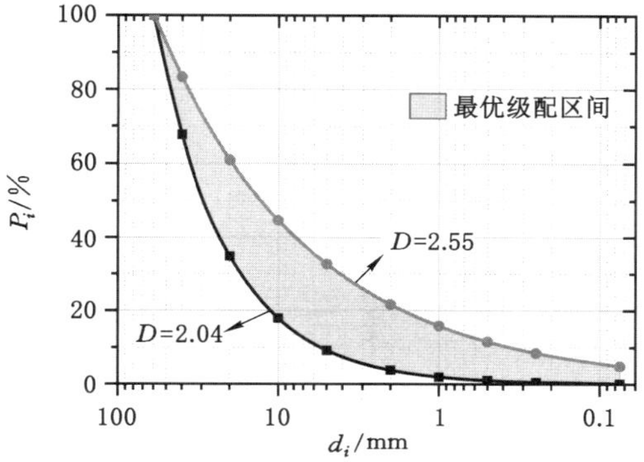

图 2-18　最优级配区间

2.5　本章小结

本章主要研究了煤矸石试验材料的路用性能，获取了煤矸石材料的微观结构与矿物成分，分析了现有各级配方程对于级配设计的适用性，求解了级配良好范围内对应级配参数的具体取值区间并设计了本书中试样的级配，研究了煤矸石路基填料压实特性的级配效应并求得了煤矸石路基填料的最优级配区间。主要结论如下：

（1）分析了煤矸石路基填料的微观结构与矿物成分。煤矸石表面较为粗糙，层状和片状颗粒较多，各颗粒间通过胶结连接且连接处具有明显的接触缝隙，内部孔隙较多。煤矸石的主要矿物成分为石英，含量达到 44.72%；其次为方解石，含量达到 29.54%；同时也含有尖晶橄榄石、硅酸镁、碳硼硅钙镁石、氧化铝、镁方解石等矿物质。

（2）总结了现有的级配方程，研究了各级配方程之间的相关性，分析了采用分形模型级配方程设计试验级配的适用性与优越性；采用分形模型级配方程设计了本研究的试验级配，并求解得到了良好级配的取值界限，即当 $1.8867 \leqslant D \leqslant 2.6309$ 时，级配均匀。

（3）级配对煤矸石路基填料的压实特性存在较大影响，随着细颗粒含量的增加，其最大干密度先增大后减小，体现出颗粒之间的充填关系先变优后变差，这种现象反映出煤矸石路基填料的颗粒级配存在最优区间。获取了煤矸石路基填料的最优级配区间（$2.04 \leqslant D \leqslant 2.55$），并与已有研究对比分析，得出不同材料的最优级配区间存在一定的差距。研究发现，振动持续时间对煤矸石路基填料的压实特性存在轻微影响，而当振动持续时间大于 18 min 时，其影响甚微。

第3章 煤矸石路基填料强度与变形特性

3.1 引言

静力特性研究是动力特性研究的基础[36]，现有研究中已有不少基于小型与中型三轴试验仪对于煤矸石细颗粒的研究。然而，在公路路基的实际填筑中，粗颗粒的含量也是决定路基承载能力的关键所在，但是现有研究中基于大型三轴试验对于煤矸石路基填料粗颗粒力学性质的研究依然鲜见报道。因此，本章主要考虑了对于公路路基填筑影响较大的三个因素(路基填料颗粒级配、路基填筑压实程度及路基填埋深度)，基于大型三轴试验仪对煤矸石路基填料粗颗粒进行室内试验，获取其强度与变形特性，并分析颗粒级配、压实度以及围压对其强度与变形特性的影响。

3.2 试验方案

3.2.1 试验设备

试验设备采用 DJSZ-150 型大型动静三轴试验机，如图 3-1 所示。该试验设备能够自动采集轴向荷载与位移、围压、孔压、反压以及体积应变等试验参数，还可以实现静力剪切试验与循环动力加载试验。试验仪器相关参数见表 3-1。

1—计算机数据采集系统；2—试验机控制系统；3—三轴压力室；
4—轴向加载系统；5—体积应变测量系统；6—制样模具。

图 3-1 大型动静三轴试验机

表 3-1 大型动静三轴试验机参数

参数名称	参数值
试样尺寸/mm	ϕ300×600
最大轴向静荷载/kN	≤1 500
最大轴向动荷载/kN	≤700
最大轴向位移/mm	≤90
最大围压/MPa	≤3
最大反压/MPa	≤1
最大孔隙压力/MPa	≤3
最大振动频率/Hz	≤5
荷载形式	半正弦波、方波、斜波、三角波、随机波和组合波等
控制系统	能够实现应力控制加载、应变控制加载、位移控制加载等多种加载方式

3.2.2 试验方案设计

煤矸石路基填料大型三轴试验所用材料及其基本性质详见 2.3 节。另外，2.5.1 节按照粗颗粒含量递增的顺序设计了 10 组均匀级配的煤矸石路基填料，考虑大型三轴试验制样困难、试验周期长、乳胶膜耗损大、试验成本高等[202]原因，为了充分研究级配效应对煤矸石路基填料强度与变形的影响，我们在2.5.1节级配设计的基础上选取4组不同级配($D=1.89$、$D=2.13$、$D=2.37$、$D=2.61$)的煤矸石路基填料开展静力作用下煤矸石路基填料大型三轴试验。煤矸石路基填料大型三轴试验中，试样尺寸为：直径300 mm，高度600 mm。为消除尺寸效应的影响，煤矸石颗粒的最大粒径应不超过试样尺寸的1/5[108,203-208]。因此，试验允许的煤矸石颗粒最大粒径为60 mm。压实度常被用作室内三轴试验、数值模拟以及现场施工的压实控制指标[200,209-210]，具体计算公式为：

$$D_c=\frac{\rho}{\rho_{d,max}}\times 100\% \tag{3-1}$$

式中，D_c 为压实度，%；$\rho_{d,max}$ 为室内试验获取的最大干密度，g/cm^3；ρ 为试样的干密度，g/cm^3。

本书采用压实度作为试样制作过程中的压实控制指标，《公路路基设计规范》(JTG D30—2015)[13]对公路路堤的压实度给出了具体要求，见表3-2。此外，陈晓斌等[211]指出路堤的压实度主要以90%、93%、95%为主。考虑我国规范对路基压实度的要求并结合已有成果中的压实参数，本书选取压实度为90%、93%、96%开展试验研究。同时，本书选取围压 σ_3 分别为100 kPa、200 kPa、300 kPa进行煤矸石路基填料大型三轴试验研究。

表3-2　路堤压实度要求

路基部位		路面地面以下深度/m	压实度/%		
			高速公路、一级公路	二级公路	三、四级公路
上路堤	轻、中等及重交通	0.8～1.5	≥94	≥94	≥93
	特重、极重交通	1.2～1.9	≥94	≥94	—
下路堤	轻、中等及重交通	<1.5	≥93	≥92	≥90
	特重、极重交通	<1.9			

此外，本书所采用的围压与压实度参数已在现有成果中广泛使用，如陈晓斌等[211]采用100 kPa、200 kPa、300 kPa的围压与90%、93%的压实度，徐望国等[210]采用50 kPa、100 kPa、150 kPa、200 kPa的围压与95 %的压实度。

本书在考虑级配、围压以及压实度的条件下设计18组大型静三轴试验，用来开展静力作用下的煤矸石路基填料试验研究。详细试验设计见表3-3。由表3-3可知，每组试验分别重复进行了3次，各试验结果的变化规律基本一致，本书仅选取其中一次的试验结果进行分析。Jia 等[108]研究了相同围压不同应变时试样的偏应力-应变关系，发现相同围压下的多个试样可视为一个试件，其偏应力-应变的变化规律一致。

表 3-3 试验方案设计

试样编号	试样级配分形维数 D	有效围压σ_3/kPa	压实度 D_c/%
ST01	1.89	100	93
ST02	1.89	200	93
ST03	1.89	300	93
ST04	2.13	100	93
ST05	2.13	200	93
ST06	2.13	300	93
ST07	2.37	100	93
ST08	2.37	200	93
ST09	2.37	300	93
ST10	2.61	100	93
ST11	2.61	200	93
ST12	2.61	300	93
ST13	2.37	100	90
ST14	2.37	200	90
ST15	2.37	300	90
ST16	2.37	100	96
ST17	2.37	200	96
ST18	2.37	300	96

3.2.3 试验方法

煤矸石路基填料大型三轴试验方法参考《公路土工试验规程》(JTG 3430—2020)[181]，其过程如图 3-2 所示。试验步骤包括：试样制备、试样饱和、试样固结和试样加载。详细试验步骤如下：

(1) 试样制备

按照试验方案设计的不同级配，人工配制不同粒组的煤矸石颗粒。试样尺寸为 ϕ300 mm×600 mm，并采用干装法制备试样，该方法已在朱晟等[212]的研究中得到应用。为了保证试样的均匀性，首先将整个试样所需的煤矸石颗粒平均分为

5份进行配制，人工配制的每份煤矸石颗粒如图3-2(a)所示；然后将每份煤矸石颗粒充分混合均匀，采用分层振捣法(将每份煤矸石颗粒逐层放于内壁包裹乳胶膜的制样筒内，采用人工击实至压实度设计值的方法)；接着将每层煤矸石颗粒击实至固定的高度，每层煤矸石颗粒击实完成后将表面拉毛；最后进行下一层煤矸石颗粒的击实。人工击实过程中用击实锤轻轻按压煤矸石颗粒，通过动力扰动使煤矸石颗粒的位置不断调整以达到击实的目的，尽可能避免击实过程中颗粒发生破碎。通过控制每层煤矸石颗粒的质量和高度来达到控制试样压实度的目的，人工击实如图3-2(b)所示。制作完成的试样如图3-2(c)和图3-2(b)所示。

(a) (b) (c)

(d) (e) (f)

图3-2 大型三轴试验过程图

(2) 试样饱和

制样完成后，将盖上压力室的试样置于加载装置中，如图3-2(e)所示。首先采用反压饱和的方法对试样进行饱和，然后采用 B 值检验试样的饱和度，当 B 值大于0.95时，即可认为试样达到饱和度要求。相同的试样饱和方法已在刘鑫等[213]、Cai等[10,207]、王家全等[49]、Kong等[214]的研究中得到广泛应用。

（3）试样固结

采用等压固结的方式进行试样的固结。在试样固结过程中，试样内部的水通过体积应变管排出。在固结完成后，对试样进行加载。该固结方法已在室内三轴试验的研究中被广泛采用[213-214]。

（4）试样加载

试样加载采用位移控制方式加载。依据《公路土工试验规程》(JTG 3430—2020)[181]，加载速率设为 1.5 mm/min，当试样轴向累积应变达 15%时，认为试样已发生破坏。此外，Leng 等[36,95]、秦红玉等[215]开展大型三轴试验时均采用了该破坏标准。试验结束后，将试样取出，并仔细收集试样的全部颗粒，然后将其烘干并筛分，从而获取试验后试样的颗粒破碎情况。

3.3 煤矸石路基填料强度与变形特性分析

3.3.1 级配效应分析

由 2.5 节煤矸石路基填料压实特性的级配效应分析可知，级配对煤矸石路基填料的压实特性存在较大影响，随着细颗粒含量的增加，其最大干密度先增大后减小。为了进一步研究煤矸石路基填料强度与变形特性的级配效应，本节将重点对 4 种不同级配煤矸石路基填料的大型静三轴试验结果进行分析。图 3-3 所示为不同级配条件下煤矸石路基填料偏应力(q)和体积应变(ε_V)与轴向应变(ε_1)的关系曲线，图 3-3(a)、图 3-3(c)和图 3-3(e)分别对应围压为 100 kPa、200 kPa、300 kPa 时 q 与 ε_1 的关系曲线；图 3-3(b)、图 3-3(d)和图 3-3(f)分别对应围压为 100 kPa、200 kPa、300 kPa 时 ε_V 与 ε_1 的关系曲线。

在三轴试验中，试样的平均主应力与偏应力分别定义为：

$$p=\frac{1}{3}(\sigma_1+\sigma_2+\sigma_3) \tag{3-2}$$

$$q=\frac{1}{\sqrt{2}}\sqrt{(\sigma_1-\sigma_2)^2+(\sigma_2-\sigma_3)^2+(\sigma_3-\sigma_1)^2} \tag{3-3}$$

式中：p 为平均主应力；q 为偏应力；σ_1 为轴向压力；σ_2，σ_3 分别为侧向压力。

在无侧限压缩试验与假三轴试验中 $\sigma_2=\sigma_3$，因此，上式可简化为：

$$p=\frac{1}{3}(\sigma_1+2\sigma_3) \tag{3-4}$$

$$q=\sigma_1-\sigma_3 \tag{3-5}$$

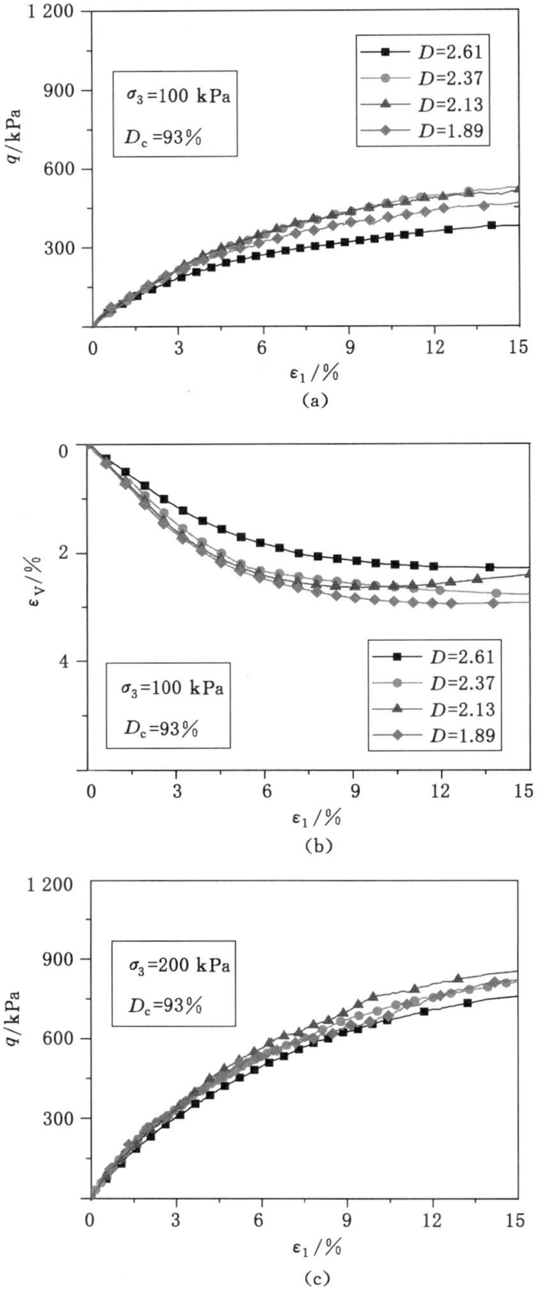

图 3-3 煤矸石路基填料级配效应曲线

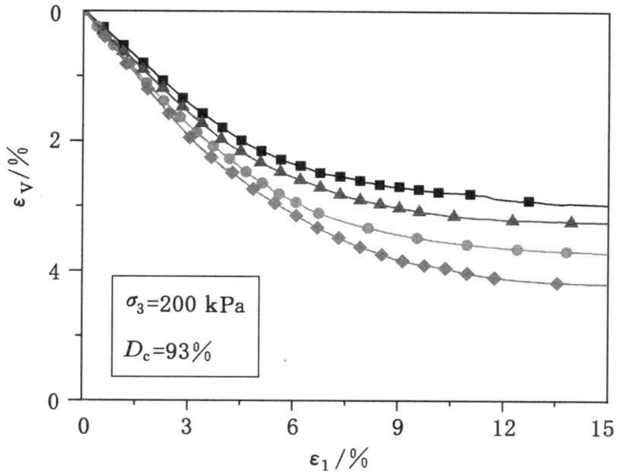

ε_V/%
σ_3=200 kPa
D_c=93%
ε_1/%

(d)

q/kPa
σ_3=300 kPa
D_c=93%
D = 1.89
D = 2.61
ε_1/%

(e)

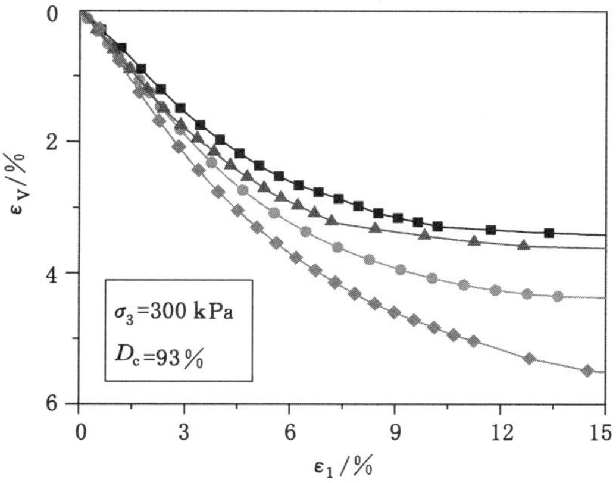

ε_V/%
σ_3=300 kPa
D_c=93%
ε_1/%

(f)

图 3-3 （续）

由图 3-3 可知：

(1) 随着轴向应变的增加，煤矸石路基填料的偏应力逐渐增大，但其增速逐渐减小，轴向应变与偏应力关系曲线表现出非线性，属于应变硬化型曲线。

(2) 随着轴向应变的增大，试样的体积应变逐渐增大，体积应变曲线表现出剪缩现象，没有发生明显的剪胀。

(3) 对于相同围压条件下不同级配的煤矸石试样，随着试样分形维数的增大，其偏应力先增大后减小，而其体积应变则逐渐减小。

图 3-3 所示为煤矸石路基填料级配效应曲线。Thevanayagam[216-217]研究了砂-粉土二相混合料的颗粒间接触状态，王涛等[218]、吴琪等[219]将其运用于不同级配的粗颗粒混合料。本书基于上述研究成果，分析不同级配煤矸石路基填料颗粒间的接触关系，如图 3-4 所示。为了清晰地展示粗颗粒与细颗粒间的接触关系，图 3-4 中仅采用两种粒组的颗粒来表征粗细颗粒的分布情况。本书将颗粒间的接触关系分为以下 6 种情况：

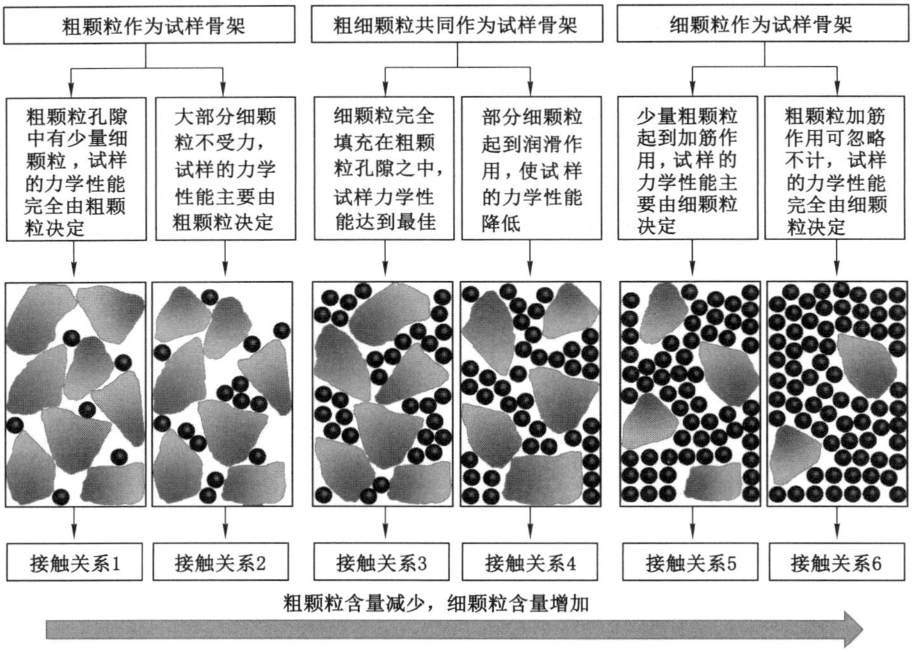

图 3-4　粗颗粒与细颗粒间的颗粒接触关系框图

(1) 接触关系 1：粗颗粒含量最多且各颗粒直接接触，含量很少的细颗粒无法填满粗颗粒的全部孔隙且细颗粒不受力，试样的力学性能完全由粗颗粒决定。

(2) 接触关系2:粗颗粒含量减少,大多数粗颗粒直接接触,少部分细颗粒开始作为试样的骨架,大部分细颗粒不受力,试样的力学性能主要由粗颗粒决定,细颗粒只能产生较小的影响。

(3) 接触关系3:粗颗粒与细颗粒之间的关系达到最佳级配状态,细颗粒完全填充在粗颗粒的孔隙之中,粗细颗粒共同作为试样的骨架受力,试样的力学性能达到最佳状态。

(4) 接触关系4:随着粗颗粒含量的减少,细颗粒含量逐渐增加,细颗粒全部填充粗颗粒的孔隙之外,剩余的细颗粒将在部分粗颗粒之间起到润滑作用,使试样的力学性能低于最佳状态。

(5) 接触关系5:随着粗颗粒含量的进一步减少,粗颗粒之间将无法直接接触,但分布在细颗粒中的粗颗粒将起到一定的加筋作用,试样的力学性能主要由细颗粒决定,粗颗粒将产生一定的影响。

(6) 接触关系6:细颗粒含量最多,粗颗粒含量很少,粗颗粒的加筋作用可以忽略不计,试样的力学性能完全由细颗粒决定,粗颗粒几乎不对试样的力学性能产生影响。

其中,粗颗粒作为试样的骨架承受荷载对应于接触关系1和接触关系2,粗颗粒和细颗粒共同作为试样的骨架承受荷载对应于接触关系3和接触关系4,细颗粒作为试样的骨架承受荷载对应于接触关系5和接触关系6。本书研究的粗细颗粒间接触状态介于接触关系1到接触关系4之间,接触关系5和接触关系6更接近于黏性土的性质,本文不再讨论。

由上述分析可知,随着分形维数的增大,试样的偏应力先增大后减小的原因如下:当试样的分形维数较大时,其细颗粒含量较多,在固结排水三轴试验中,试样已完全饱和,加载时粉粒和细粒饱和后在试样的大颗粒之间起到一定的润滑作用,加速了颗粒之间的滑移,粗颗粒咬合作用没有得到充分的发挥,从而导致其偏应力较小;而当分形维数较小时,其大颗粒含量较多,较少的细颗粒不能填充大颗粒之间的全部空隙,从而导致其偏应力较小。

依据已有研究,将体积压缩应变为正定义为剪缩;反之,称为剪胀[220-221]。由图3-3可知,试样的体积应变曲线表现出明显的剪缩现象,没有发生明显的剪胀。随着分形维数的增大,试样的体积应变逐渐减小(但图3-3中 $D=2.37$ 试样的体积应变大于 $D=2.13$ 试样的体积应变,这可能是试验误差所导致的结果)。究其原因在于,本试验针对煤矸石粗颗粒进行大型三轴压缩试验,试样颗粒之间的孔隙较大,随着偏应力的不断增大,试样被不断压密,孔隙被逐渐压缩,且煤矸石颗粒发生破碎产生的细颗粒被填充于原有的孔隙中,使得试样发生剪缩,难以出现剪胀,这与闫超萍等[220]的研究结果较为一致。此外,张嘎等[221]研究表明,颗粒破碎是粗粒料在三轴试验中出现剪缩的主要原因之一。关于本试验中的颗粒破碎将在第5章详细讨论。

为了分析级配效应对煤矸石路基填料强度特性的影响,可获取上述试验条件下煤矸石路基填料的强度值。对于应变硬化型曲线,取轴向应变 $\varepsilon_1=15\%$ 时所对应的偏应力值为破坏强度值 q_p[205,220]。图 3-5 为不同级配条件下峰值偏应力与分形维数的关系曲线。由图 3-5 可知,随着分形维数的增加,峰值偏应力值先增大后减小,表现出与煤矸石路基填料压实特性一致的变化规律。进一步分析峰值偏应力与试样级配的变化关系,根据图 3-5 中曲线的变化规律,可将 q_p 与 D 通过二次函数进行拟合,其函数表达式为:

$\sigma_3=100$ kPa 时:

$$q_p=-858.14\times D^2+3\ 755.7\times D-3\ 572.5, R^2=0.950\ 6 \tag{3-6}$$

$\sigma_3=200$ kPa 时:

$$q_p=-388.81\times D^2+1\ 658.8\times D-923.71, R^2=0.969\ 5 \tag{3-7}$$

$\sigma_3=300$ kPa 时:

$$q_p=-600.11\times D^2+2\ 578.3\times D-1\ 646.7, R^2=0.976\ 2 \tag{3-8}$$

由上式中的相关系数与图 3-5 中的拟合曲线可知,采用二次函数可以很好地描述 q_p 与 D 的相关性。由式(3-6)~式(3-8)可得,围压为 100 kPa、200 kPa、300 kPa 时对应的 q_p 分别为 536.76 kPa、845.54 kPa、1 122.64 kPa,相应的 D 值分别取 2.19、2.13、2.15,D 的取值分布在煤矸石路基填料最优级配区间内($2.04\leqslant D\leqslant 2.55$)。因此,考虑大型三轴试验成本较高,为了获取路基填料的最佳级配区间,可采用 2.4 节所述方法通过振动击实试验直接获取其最佳级配。

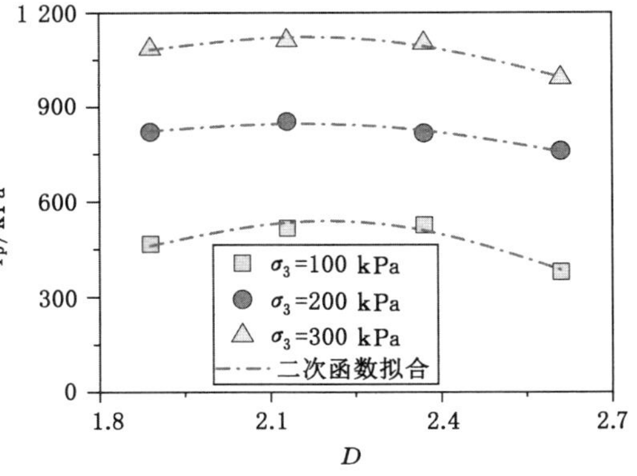

图 3-5 峰值偏应力与分形维数的关系曲线

3.3.2 压实度的影响分析

图 3-6 所示为压实度对煤矸石路基填料强度与变形特性的影响。由图 3-6 可知：

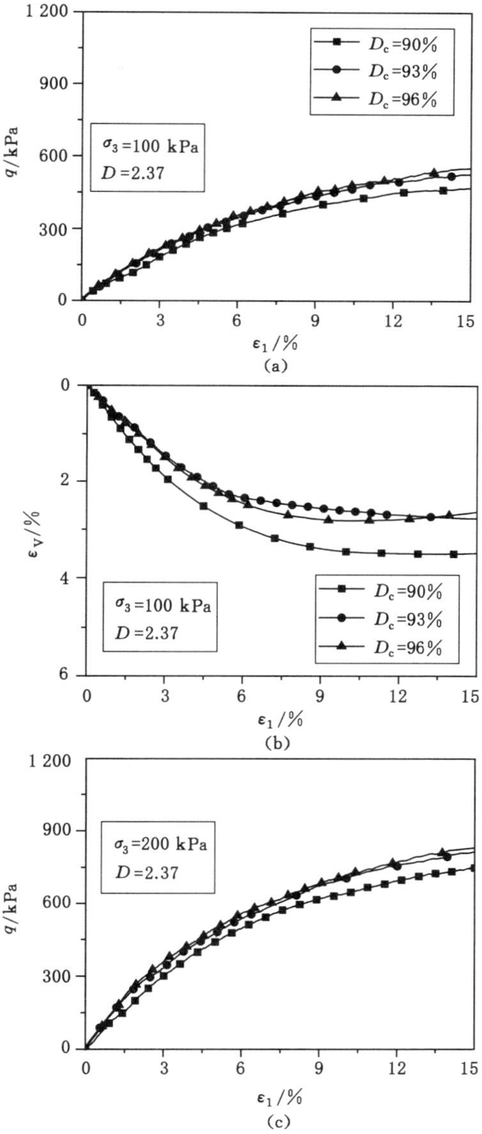

图 3-6　煤矸石路基填料压实度的影响

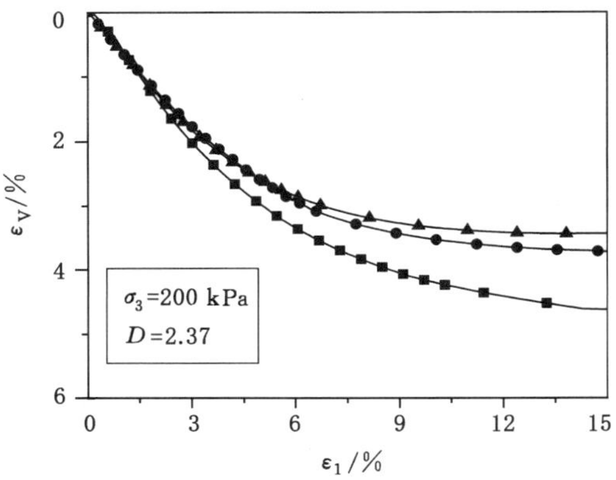
0
2
4
6
ε_V/%
σ_3=200 kPa
D=2.37
0
3
6
9
12
15
ε_1/%

(d)

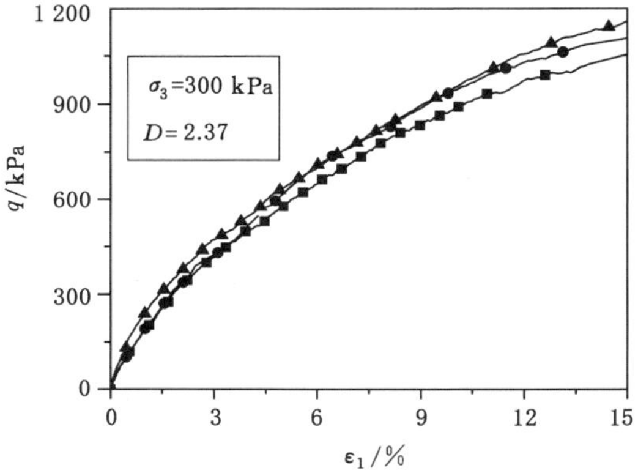
1 200
900
600
300
0
q/kPa
σ_3=300 kPa
D= 2.37
0
3
6
9
12
15
ε_1/%

(e)

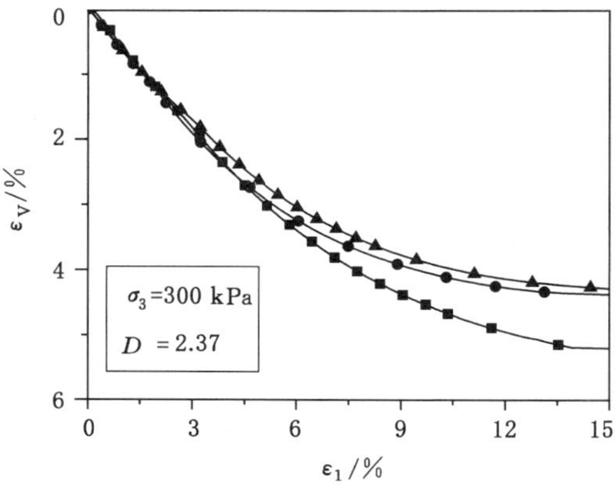
0
2
4
6
ε_V/%
σ_3=300 kPa
D = 2.37
0
3
6
9
12
15
ε_1/%

(f)

图 3-6 （续）

（1）随着轴向应变的增加，煤矸石路基填料的偏应力与体积应变均逐渐增大，且其增幅逐渐放缓。

（2）偏应力与应变关系曲线表现出明显的非线性关系，属于典型的应变硬化型。

（3）相同围压条件下，压实度越大，试样的偏应力就越大，而体积应变则越小。

究其原因在于，压实度越大，制样的干密度越大，则试样越密实，从而导致其偏应力越大；试样越密实，则其孔隙越小，饱和含水率就越小，所以其体积应变越小。就整体曲线而言，压实度从 90%增大到 93%时偏应力增长的幅度较大，而从 93%增大到 96%时增长的幅度较小；同样，体积应变曲线也表现出相同的变化规律，即压实度从 90%增大到 93%时体积应变减小的幅度较大，而从 93%增大到 96%时减小的幅度较小。由此可见，当压实度小于 93%时，提高压实度可以明显地提高煤矸石路基填料的强度；而当压实度大于 93%时，通过增大压实度提高的强度并不会很大。

进一步地获取了不同压实度条件下煤矸石路基填料的破坏强度q_p值，如图 3-7 所示。由图 3-7 可知，对于围压分别为 100 kPa、200 kPa、300 kPa 的试样，压实度从 90%增大到 93%时，其强度分别提高了 12.03%、9.08%、4.71%；而压实度从 93%增大到 96%时，其强度分别提高了 4.74%、1.86%、4.53%。

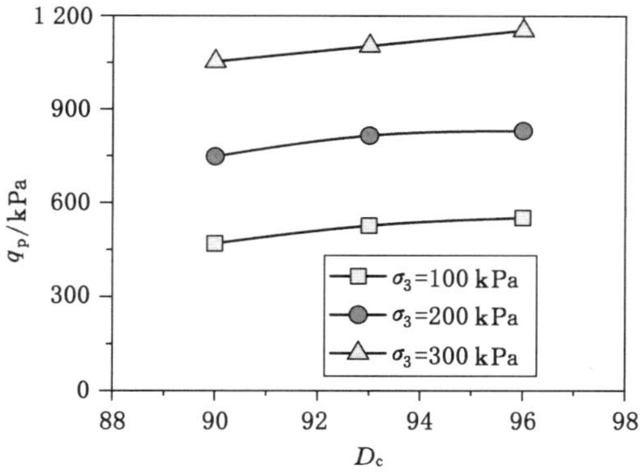

图 3-7　峰值偏应力与压实度的关系曲线

3.3.3　围压效应分析

图 3-8 与图 3-9 分别展示了不同级配与不同压实度条件下围压对煤矸石路基填料强度与变形的影响。由图 3-8 和图 3-9 可知：

（1）煤矸石路基填料偏应力与应变的关系曲线表现出明显的非线性关系，属于典型的应变硬化型曲线。

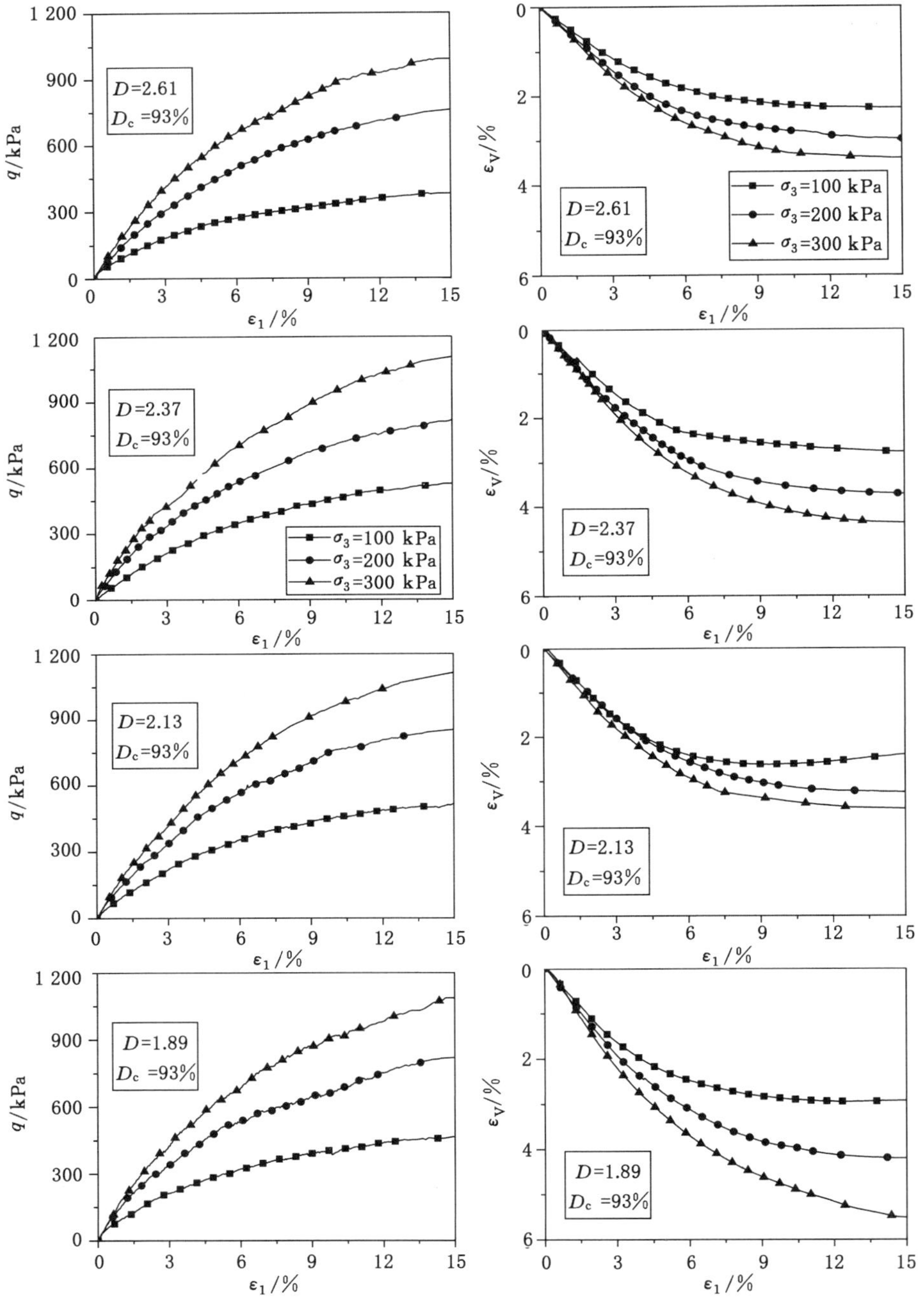

图 3-8　不同级配条件下煤矸石路基填料围压效应曲线

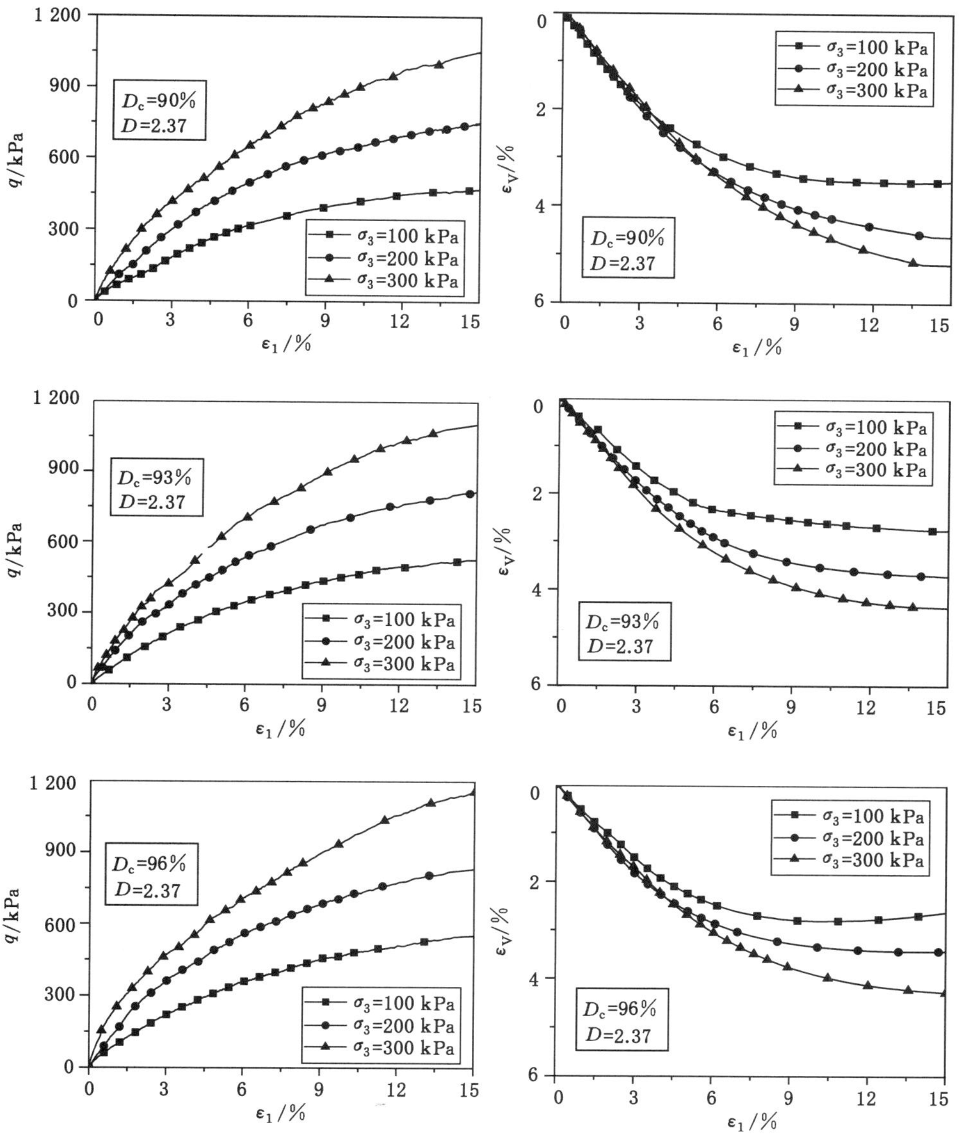

图 3-9 不同压实度条件下煤矸石路基填料围压效应曲线

(2) 在试样分形维数不变或压实度不变的条件下，围压越大，试样的偏应力越大。

(3) 随着轴向应变的不断增大，试样的偏应力不断增加，但其增长的幅度不断减小，曲线的斜率逐渐减小；试样在加载初期，曲线的增速较快，而随着轴向应变的不断增大，其增速逐渐放缓。

体积应变随轴向应变的变化规律与偏应力随轴向应变的变化规律相同。这是因为围压对试样的径向变形起到一定的约束作用，围压越大，径向约束就越强，试样达到相同轴向变形时所需的荷载也就越大；试样径向约束越强，则其径向变形就越大，在相同轴向变形情况下的体积应变将越大；加载初期，压缩变形引起试样内部颗粒位置发生错动重新排列，孔隙被压缩，试样更加密实，颗粒间的咬合更紧密，摩擦力增大，而随着荷载的不断增加，试样内部部分颗粒发生破碎，破碎的颗粒进一步填充试样的孔隙使其更为密实，从而导致颗粒间的摩擦力持续增大，因而曲线呈现出应变硬化型。

为了进一步研究煤矸石路基填料的强度特性，采用莫尔-库仑强度理论对试样的黏聚力和内摩擦角进行研究。莫尔-库仑强度理论表达式为[220]：

$$\tau=\sigma\tan\varphi+c \tag{3-9}$$

式中：τ 为剪切面上的抗剪强度，kPa；σ 为剪切面上的法向应力，kPa；c 为黏聚力，kPa；φ 为内摩擦角，(°)。

依据上述煤矸石路基填料围压效应分析的结果，进一步地获取不同级配与不同压实度条件下煤矸石路基填料的破坏强度值，然后参考国家规范 JTG 3430—2020[181]，以$(\sigma_1+\sigma_3)/2$为圆心，以$(\sigma_1-\sigma_3)/2$为半径画莫尔圆，采用作图法求解莫尔强度包络线及黏聚力和内摩擦角。由于本书在不同级配与不同压实度条件下分别选取了 3 个围压进行试验，图 3-10(a)～图 3-10(f)分别为莫尔强度包络线及黏聚力和内摩擦角的求解过程，图中莫尔强度包络线能够与莫尔圆很好的线性相切，故本书采用线性关系进行求解已能够满足计算精度。表 3-4 为黏聚力与内摩擦角的计算结果。

表 3-4　黏聚力与内摩擦角的计算结果

D	D_c/%	φ/(°)	c/kPa
1.89	93	38.56	32.53
2.13	93	37.81	48.83
2.37	93	36.25	59.95
2.61	93	39.12	8.92
2.37	90	36.00	46.92
2.37	96	36.32	65.86

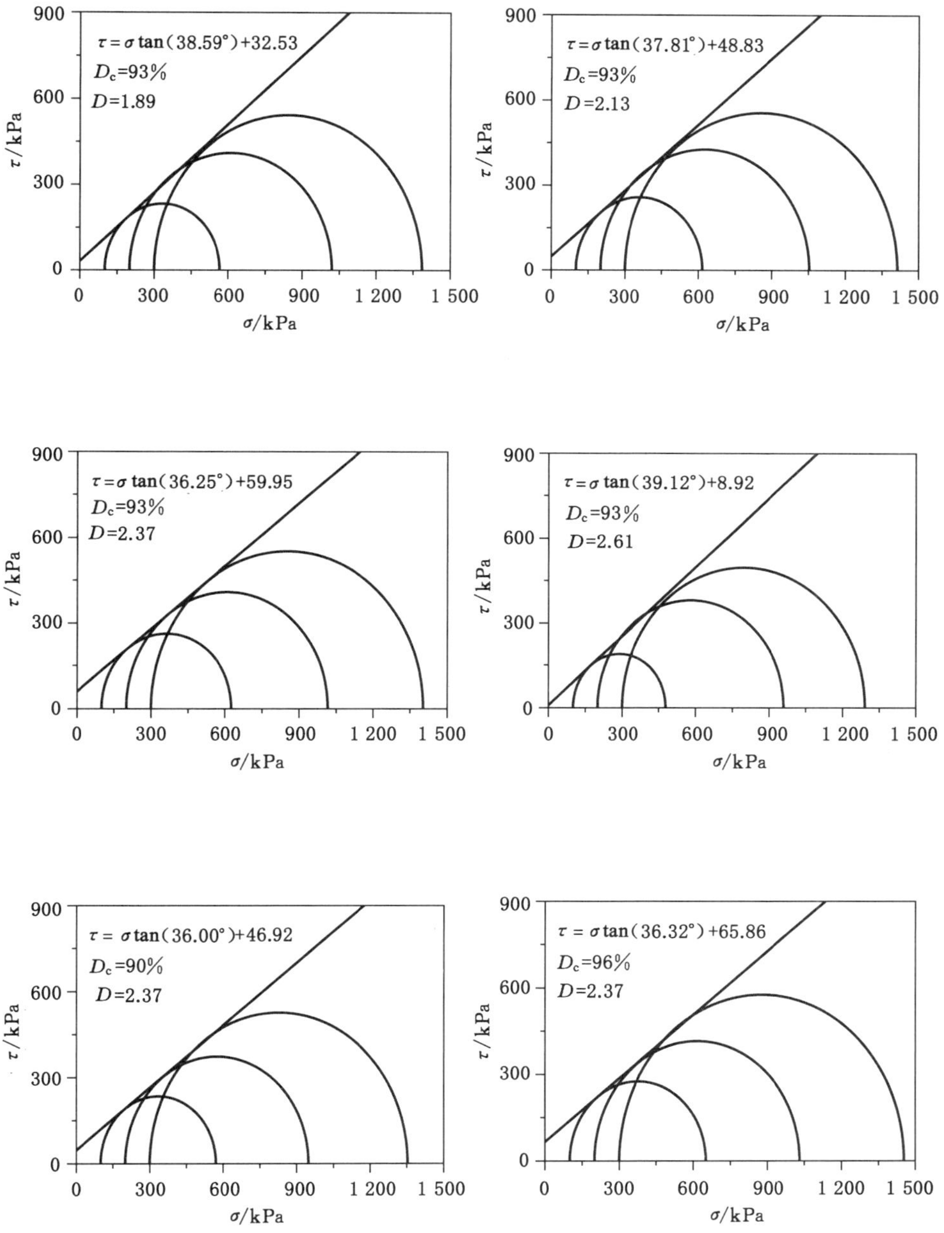

图 3-10　煤矸石路基填料强度包络线

图 3-11 展示了级配和压实度对煤矸石路基填料黏聚力和内摩擦角的影响，由图可知，煤矸石路基填料存在明显的黏聚力，其大小分布在 8.92 kPa～65.86 kPa，而其内摩擦角分布在 36.00°～39.12°，因此，级配和压实度均对煤矸石路基填料的黏聚力存在显著的影响，而对其内摩擦角的影响甚微，这说明级配和压实度不同引起煤矸石路基填料强度的变化主要是由试样的黏聚力不同导致的。由图 3-11(a)可知，随着分形维数的增加，试样的黏聚力先由 32.53 kPa 增大至 59.95 kPa 后又减小到 8.92 kPa，最大值比最小值增加了 572%；而内摩擦角整体表现出先减小后增大的变化趋势，但其变化很小，最大值仅比最小值增加了 7.92%。煤矸石路基填料的黏聚力主要来源于颗粒之间的相互咬合，这与闫超萍等[220]对钙质砂黏聚力来源的分析一致。黏聚力随分形维数的变化规律与偏应力随分形维数的变化规律一致，其产生的原因也相同：当试样的分形维数较

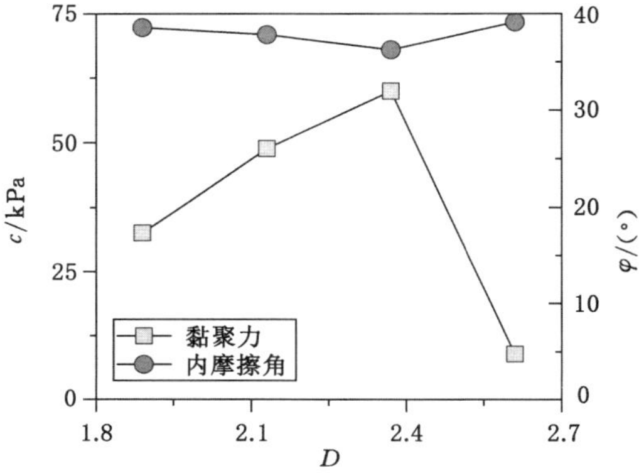

(a) 级配的影响

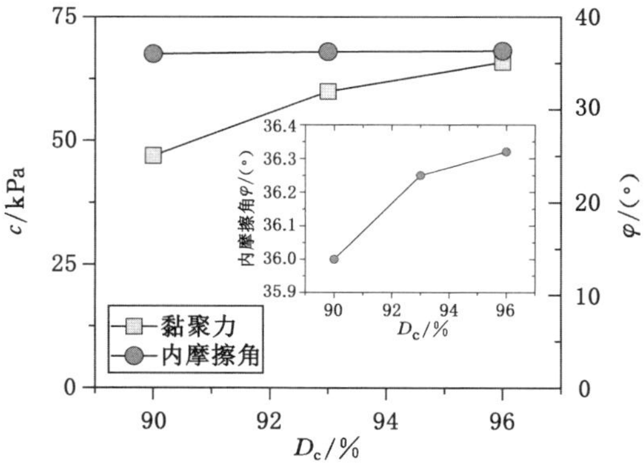

(b) 压实度的影响

图 3-11 级配与压实度对黏聚力和内摩擦角的影响

大时，其细颗粒含量较多，在固结排水三轴试验中，试样已完全饱和，加载时粉粒和细粒饱和后在试样的大颗粒之间起到一定的润滑作用，加速了颗粒之间的滑移，粗颗粒咬合作用没有得到充分的发挥；而当分形维数较小时，其大颗粒含量较多，较少的细颗粒不能填充大颗粒之间的全部空隙，使得颗粒之间的咬合力较小。由图 3-11(b)可知，当压实度由 90%增大到 96%时，黏聚力增加了 40.36%，而内摩擦角仅增加了 0.87%。对于仅压实度不同的试样，压实度越大，试样内颗粒间的接触越充分，颗粒间的咬合越紧密。

3.4 本章小结

静力特性研究是动力特性研究的基础。因此，本章考虑了对于公路路基填筑影响较大的三个主要因素(路基填料颗粒级配、路基填筑压实程度和路基填埋深度)，基于大型动静三轴试验机对煤矸石路基填料粗颗粒进行了室内试验，获取了其强度与变形特性，并分析了颗粒级配、压实度以及围压对其强度与变形特性的影响。主要结论如下：

(1) 随着轴向应变的增加，煤矸石路基填料的偏应力与体积应变均逐渐增大，且其增幅逐渐放缓；偏应力与应变的关系曲线表现出典型的应变硬化型曲线；体积应变曲线表现出明显的剪缩现象，没有发生明显的剪胀。

(2) 对于相同围压条件下不同级配的煤矸石试样，随着分形维数的增大，试样的偏应力先增大、后减小，试样的峰值偏应力与分形维数表现出良好的二次函数相关性。由于通过大型静三轴试验与振动击实试验获取的煤矸石路基填料最佳级配区间基本一致，考虑大型静三轴试验成本较高，因而可通过振动击实试验直接获取其最佳级配。

(3) 相同围压条件下，压实度越大，试样的偏应力越大。压实度从 90%增大到 93%时偏应力增长的幅度较大，而压实度从 93%增大到 96%时增长的幅度较小。

(4) 随着围压的增大，试样的偏应力不断增加。级配和压实度均对煤矸石路基填料的黏聚力存在显著的影响，而对其内摩擦角的影响甚微，说明级配和压实度不同引起煤矸石路基填料强度的变化主要是由试样的黏聚力不同导致的。

第 4 章 循环荷载作用下煤矸石路基填料动力特性

4.1 引言

车辆荷载主要表现出频率低、应力幅值小、荷载次数大等特点，虽然路基所承受的车辆荷载远小于其静载作用下的剪切强度，但路基填料在大次数的循环荷载作用下将产生过大的塑性变形，从而导致其结构层长期服役性能发生劣化，进而对工程造成潜在和长期的危害，如道路不平顺、不均匀沉降[9-10]、沉陷、侧向隆起、剪裂挤出、路面网裂等不同程度的病害[11-12]。我国现有的公路设计与施工规范，如《公路路基设计规范》[13]（JTG D30—2015）《公路路基施工技术规范》（JTG/T 3610—2019）[14]等，均对路基填料静载作用下的力学性质试验等进行了详细的规定，而对车辆荷载作用下路基填料的动力特性试验缺乏明确的要求。另外，公路路基在实际使用中将承受大次数的循环动荷载作用，开展公路路基填料动力特性的研究与其实际环境更为接近。因此，本章以煤矸石路基填料压实特性与静力特性研究为基础，结合前人研究成果及公路路基的实际受力情况，选取循环荷载作用下煤矸石路基填料大型动三轴试验的各动力参数，开展一系列室内大型动三轴试验；并在此基础上，研究循环荷载作用下煤矸石路基填料的动应力-动应变关系（非线性、滞后性及变形累积性）。

4.2 试验方案

4.2.1 试验参数选取

（1）动力加载频率与围压

不同于列车荷载作用下的铁路路基，车辆荷载作用下高速公路、城市道路等公路路基中产生的动荷载频率 f 通常分布在 0.1～10 Hz，动荷载频率主要由行车的速度和密度、路基的深度、路基填料的土性参数及路面结构等决定，围压一般在 20～60 kPa。结合的 DJSZ-150 大型动静三轴试验仪参数，本书动力特性试验采用动荷载频率 $f=1.0$ Hz 进行动力加载。蔡袁强等[10]采用 0.2 Hz、0.5 Hz、1.0 Hz、3.0 Hz 的频率研究了公路路基填料的长期动力性能。在室内试验研究中，往往选取较大的围压，如：罗飞等[73]考虑了 300 kPa、600 kPa、1 000 kPa、2 000 kPa 的围压，龙尧等[100]采用了 100 kPa、200 kPa、300 kPa 的围压，李扬波等[225]采用 200 kPa、300 kPa、400 kPa 的围压进行动力特性试验。本书考虑的围压取值有 50 kPa、100 kPa、150 kPa、200 kPa。

（2）动力加载波形

不同于地震荷载与波浪荷载，交通荷载在路基中产生的动应力在竖直方向的幅值最大[226-227]。在室内试验研究中，对于交通荷载模拟的加载波形主要有正弦波和半正弦波两种，黄娟等[75-76]、刘文劼等[92]、张凌凯等[48]、李扬波等[228]分别采用正弦波加载；蔡袁强等[10]、王家全等[49]分别采用半正弦波对路基填料的动力特性进行研究。已有研究表明，交通荷载与拉压等幅正弦波的区别较大，而与仅有压半轴的半正弦波极为相近。黄博等[229]研究发现，采用正弦波模拟交通荷载将引起较大误差，并高估了路基的沉降，建议在室内试验中采用半正弦波模拟交通荷载。因此，考虑公路路基的实际受力状况，本书采用半正弦波加载进行研究。

（3）试验固结方式

固结方式采用等压固结。此外，蔡袁强等[10]、梁珂等[66]、龙尧等[100]、罗飞等[73]均采用等压固结方式研究了路基填料的动力特性。在实际工程中，路基填料的排水状况在完全排水与完全不排水之间[90]。黄博等[229]认为，不排水条件下累积变形具有不确定性（即变形趋于稳定后仍然可能出现急剧增长），建议在排水条件下进行室内动力试验研究。因此，本书采用固结排水试验方式开展研究。

（4）压实参数选取

循环荷载作用下煤矸石路基填料动力特性试验研究中压实度的选取与 3.2.2 节保持一致。

（5）循环应力比选取

参考 Indraratna 等[42]、Leng 等[95]的研究，其中 σ_1' 表示循环荷载加载过程中的轴向应力，σ_3' 表示循环荷载加载过程中的有效围压，$q_{\max,\mathrm{cyc}}$ 表示不同动荷载幅值下的循环偏应力最大值，$q_{\min,\mathrm{cyc}}$ 表示不同动荷载幅值下的循环偏应力最小值，

Δq_{cyc} 表示循环偏应力，σ_d 表示动应力，则：

$$q_{max,cyc}=\sigma'_{1,max}-\sigma'_3 \tag{4-1}$$

$$q_{min,cyc}=\sigma'_{1min}-\sigma'_3 \tag{4-2}$$

$$\Delta q_{cyc}=q_{max,cyc}-q_{min,cyc} \tag{4-3}$$

$$\sigma_d=\Delta q_{cyc}/2 \tag{4-4}$$

循环荷载的施加通常采用循环应力比进行控制加载，冷伍明等[90]定义循环应力比为：

$$CSR=\frac{\Delta q_{cyc}}{2\sigma'_3} \tag{4-5}$$

式中：CSR 为循环应力比。

Leng 等[95]定义循环应力比为：

$$CSR=\frac{\Delta q_{cyc}}{2p'} \tag{4-6}$$

$$p'=\frac{\sigma'_{1,c}+\sigma'_{3,c}}{3} \tag{4-7}$$

式中：$\sigma'_{1,c}$，$\sigma'_{3,c}$分别为固结阶段结束时的主有效应力和次主有效应力。

蔡袁强等[10]定义循环应力比为：

$$CSR=\frac{\Delta q_{cyc}}{\sigma'_3} \tag{4-8}$$

Indraratna 等[43-44,230]定义的循环应力比为：

$$CSR=\frac{q_{max,cyc}}{2\sigma'_3} \tag{4-9}$$

Wang 等[231]定义的循环应力比为：

$$CSR=\frac{\Delta q_{cyc}}{2\sigma'_{30}} \tag{4-10}$$

式中：σ'_{30}为初始有效围压。

张家生等[86,100]定义的循环应力比为：

$$CSR=\frac{\Delta q_{cyc}}{q_t} \tag{4-11}$$

式中：q_t 为试样静强度。

由式(4-5)～式(4-11)中对于循环应力比的定义可知，尽管对于循环应力比定义的出发点有所不同，但各定义的本质是相同的，即为循环偏应力与某确定常数的比值。鉴于此，本书采用式(4-8)定义的循环应力比进行应力控制加载试验，循环应力比依次取为：0.5，0.6，0.7，…直至试样破坏。

(6) 分级加载方法

大型动三轴试验所用煤矸石颗粒尺寸与仪器尺寸均较大，每个试样所需煤矸石颗粒较多。若采用分别加载试验，则会导致试验的工作量较大与试验成本较高，且由于煤矸石颗粒的离散性，会导致试验结果离散性较大[232]。因此，本书采用应力控制分级循环加载方法开展煤矸石路基填料的动力特性试验研究，梁珂等[66]、黄娟等、罗飞等[73]、张凌凯等[48]、巩斯熠等[233]、李扬波等[228]均采用分级循环加载的试验方法，研究了工程填料的动剪切模量、阻尼比、骨干曲线、滞回曲线等动力特性。

加载过程中采用每级循环振动 10 次，黄娟等[75]、罗飞等[73]、庄心善等[78-79,234]均采用每级循环振动 10 次的动力加载方法。此外，李扬波等[228]采用每级荷载循环加载 6 次，张凌凯等[48]、斯熠等[233]采用每级循环振动 25 次的循环加载方法。

(7) 试样破坏标准

当试样达到破坏(即累积变形达到 15%)或达到设定的循环次数时，停止试验，相同的试样停止标准在已有成果中已得到广泛应用。

4.2.2 试验方案与方法

试验设备采用 DJSZ-150 型大型动静三轴试验机，该仪器的性能及参数详见 3.2.1 节。本书在考虑级配、围压以及压实度的条件下设计 16 组大型动三轴试验，开展了循环荷载作用下煤矸石路基填料的动力特性试验研究，详细试验设计见表 4-1。

表 4-1　动力试验方案设计

试样编号	试样级配分形维数 D	有效围压 σ_3'/kPa	压实度 D_c/%	动力加载方式
DT01	2.37	50	93	频率 $f=1$ Hz，加载波形为半正弦波，按照循环应力比为：0.5，0.6，0.7，…依次分级加载直至试样破坏，每级荷载循环加载 10 次
DT02	2.37	100	93	
DT03	2.37	150	93	
DT04	2.37	200	93	
DT05	2.37	50	93	频率 $f=1$ Hz，加载波形为半正弦波，按照循环应力比为：0.5，0.9，1.4，…依次分级加载直至试样破坏，每级荷载循环加载 10 000 次
DT06	2.37	100	93	
DT07	2.37	150	93	
DT08	2.37	200	93	

表 4-1(续)

试样编号	试样级配分形维数 D	有效围压 σ_3'/kPa	压实度 D_c/%	动力加载方式
DT09	2.37	50	93	频率 $f=1$ Hz,加载波形为半正弦波,每个试样分别加载,轴向荷载为 180 kPa,每个试样循环加载 30 000 次
DT10	2.37	100	93	
DT11	2.37	150	93	
DT12	2.37	50	90	
DT13	2.37	50	96	
DT14	2.61	50	93	
DT15	2.13	50	93	
DT16	1.89	50	93	

为了确保试样均匀性与减少试验结果的离散性,表 4-1 中编号为 DT01～DT04 的试样采用分级加载试验方法,通过循环应力比控制加载,每级荷载循环加载 10 次,DT01～DT04 试样用于研究循环荷载作用下煤矸石路基填料的非线性与滞后性,通过该组试验获取循环荷载作用下煤矸石路基填料骨干曲线与滞回曲线的变化规律。DT05～DT16 试样用于研究循环荷载作用下煤矸石路基填料的变形累积性,其中 DT05～DT08 试样采用分级加载试验方法,通过循环应力比控制加载,每级荷载循环加载 10 000 次,用于研究分级加载条件下煤矸石路基填料累积变形的变化规律;为了进一步研究试样级配、围压与压实度对累积变形的影响,设计了 DT09～DT16 试样通过分别加载试验方法,研究煤矸石试样累积变形的变化规律并分析各因素对累积变形的影响。每组试验分别重复进行 3 次,各试验结果的变化规律基本一致,此处仅选取其中一次的试验结果进行分析。

循环荷载作用下煤矸石路基填料动力特性试验方法与 3.2.3 节静力特性试验方法基本相同,两者的不同之处在于试验的加载方式和加载参数,动力试验加载参数已在 4.2.1 节详细讨论过。循环荷载加载过程如图 4-1 所示。

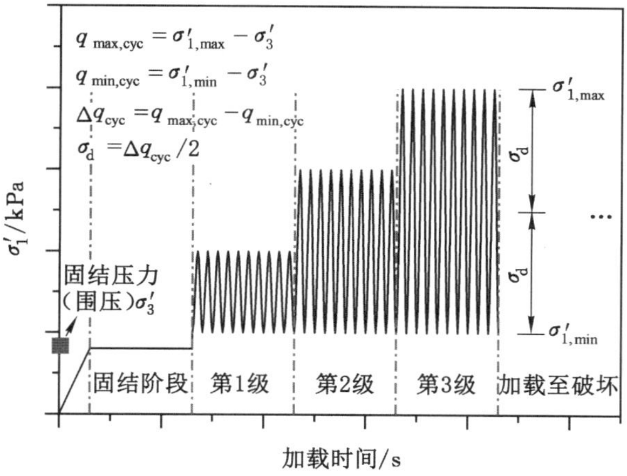

图 4-1　循环荷载加载过程

4.3　循环荷载作用下煤矸石路基填料的骨干曲线

循环荷载作用下材料的动应力-动应变关系具有三个显著的特点，即非线性、滞后性和变形累积性[51]。非线性可采用骨干曲线进行研究，滞后性可通过滞回曲线得以体现。本节主要对煤矸石路基填料的骨干曲线进行深入研究，对于滞回曲线和累积变形的研究将在 4.4 节与 4.5 节进行重点讨论。

4.3.1　循环荷载作用下煤矸石路基填料骨干曲线试验结果分析

基于已有的研究成果，本书采用每级动荷载循环加载 10 次的试验方法研究煤矸石路基填料的动应力-动应变关系。试样加载按照循环应力比为 0.5，0.6，0.7，…依次分级加载直至试样破坏。

动应力-动应变的关系可以通过骨干曲线与滞回曲线进行研究，滞回曲线是指以坐标原点为中心在一个循环荷载加载周期内的动应力-动应变关系曲线（也称滞回圈），将不同幅值循环荷载作用下各滞回圈的顶点相连从而构成骨干曲线[51]。

首先对循环荷载作用下煤矸石路基填料的动强度进行研究，用于中骨干曲线计算模型参数的确定。动强度常被理解为一定动荷载振动次数下产生某一破坏应变（满足某一破坏标准）所需要的动应力[38,51]。本书采用试样轴向累积应变达 15%时的循环偏应力值为动强度，通过 4.2 节煤矸石路基填料的循环动力试验，获取其动强度σ_f及其破坏时的动荷载循环次数N_f。图 4-2 展示了试样动强度和破坏振次与围压的关系曲线。由图 4-2 可知，试样的动强度随着围压的增大而增大，而其破坏振次则随着围压的增大呈现出逐渐减小的变化趋势。

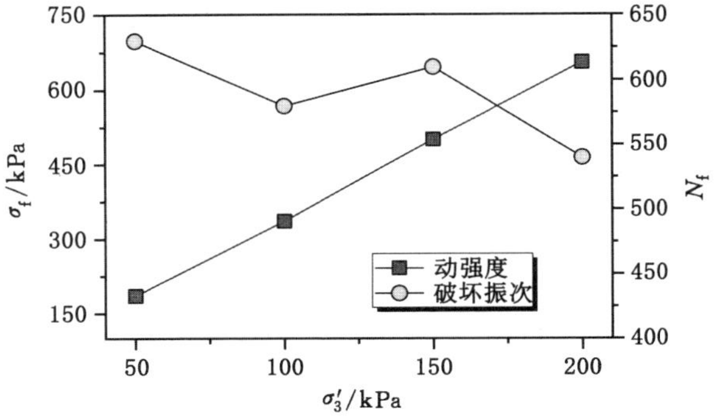

图 4-2　动强度和破坏振次与围压的关系曲线

已有研究表明，动荷载作用下材料的动强度特性依然可以通过莫尔-库仑强度理论进行描述[51]。依据所求的动强度与围压，通过莫尔-库仑强度理论采用作图法求解煤矸石路基填料的动黏聚力与动摩擦角，详细求解步骤详见 3.3.3 节。图 4-3 所示为莫尔强度包络线及动黏聚力与动摩擦角的求解过程。图中莫尔强度包络线能够与莫尔圆很好的线性相切，故本书采用线性关系进行求解已能够满足计算精度。求得煤矸石路基填料动黏聚力为 8.23 kPa，动摩擦角为 31.00°。

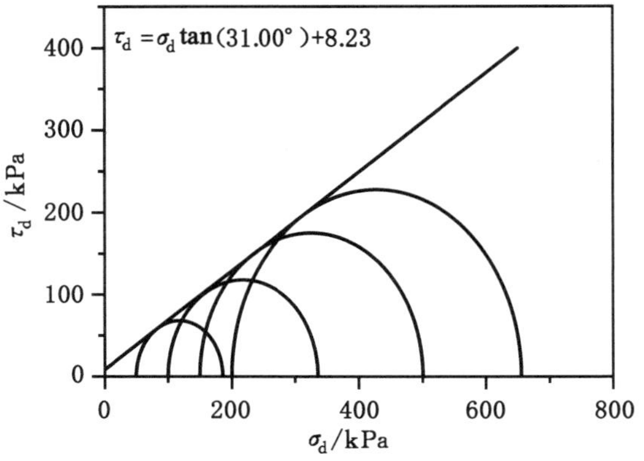

图 4-3　动黏聚力和动摩擦角计算

本书参考黄娟等[75]对分级加载条件下动力特性研究的方法，选取每级动荷载作用下第 6 次循环荷载下的滞回圈进行研究。由于本书分级加载的级数较多，为了绘图过程中清晰的展示每级荷载下滞回曲线的变化规律，选取了 5 的倍数级(加载第 5 级、10 级、15 级、20 级、25 级、30 级、35 级、40 级、45 级、50 级、55 级、60 级)，并对加载时的滞回曲线进行重点分析。基于 4.2 节循环荷载作用下煤矸石路基填料动力特性试验结果，获取试验后各滞回曲线的顶点坐标，进而得到不同加载级数下的σ_d 与ε_d。图 4-4 所示为煤矸石试样动应力-动应变关系的试验曲线。由图 4-4 可知：

(1) 随着动应变的增加，试样的动应力逐渐增大。

(2) 随着围压的增加，试样破坏时的动应力与动应变均逐渐增大。

(3) 煤矸石试样的动应力-动应变关系曲线并非呈现出良好的双曲线变化规律。

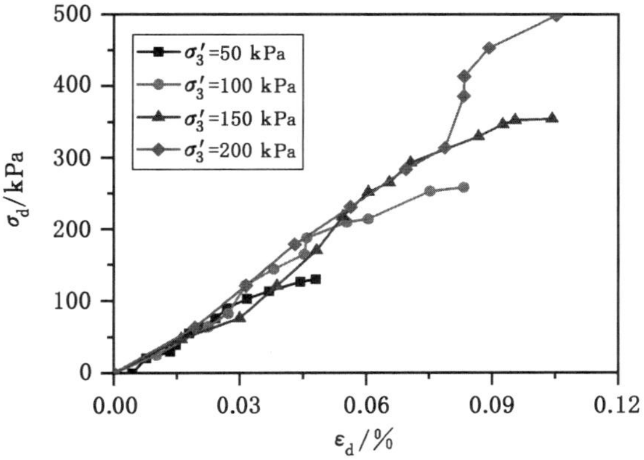

图 4-4　煤矸石试样骨干曲线

4.3.2　骨干曲线计算模型

目前，对于颗粒材料(如土、砂、粗粒土、堆石料等)动应力-动应变关系的研究中，双线性模型也有应用、黏弹性模型研究较多且应用较广泛、弹塑性模型也在迅速发展。

骨干曲线上每点的动剪应力τ_d 和动剪应变γ_d 均为各滞回圈的顶点。现有研究中，最常用的两种骨干曲线表达式为：Hardin-Drnevich 表达式与 Ramberg-Osgood 表达式[51]。但对于 Hardin-Drnevich 表达式而言，实际得出的骨干曲线并不一定完全符合双曲线形式。因此，文献[51]中给提出了修正的 Hardin-Drnevich 模型(简称 H-D 模型)。

(1) Hardin-Drnevich 模型

H-D 模型骨干曲线表达式为[38,41,51]：

$$\tau_d=\frac{\gamma_d}{\frac{1}{G_{d,max}}+\frac{\gamma_d}{\tau_{d,max}}}\text{ or }\frac{\tau_d}{\tau_{d,max}}=\frac{\frac{\gamma_d}{\gamma_r}}{1+\left|\frac{\gamma_d}{\gamma_r}\right|}\tag{4-12}$$

式中：τ_d 为动剪应力；γ_d 为动剪应变；$G_{d,max}$ 为最大动剪切模量；$\tau_{d,max}$ 为最大动剪应力；γ_r 为参考应变，$\gamma_r=\tau_{d,max}/G_{d,max}$。

上述 H-D 模型表达式采用动剪应力τ_d 和动剪应变γ_d 表示，本书通过循环荷载作用下的大型动三轴试验研究煤矸石路基填料的骨干曲线，并且获取了煤矸石路基填料的动应力 σ_d 和动应变 ε_d。已有研究表明，τ_d-γ_d 关系与 σ_d-ε_d 关系具有相同的变化规律。将 τ_d-γ_d 关系转换为 σ_d-ε_d 关系的计算公式可表示为[51]：

$$\gamma_d=\varepsilon_d(1+\mu)\tag{4-13}$$

$$\tau_d=\frac{1}{2}\sigma_d\tag{4-14}$$

$$G_d=\frac{\tau_d}{\gamma_d}=\frac{\sigma_d}{2\varepsilon_d(1+\mu)}=\frac{E_d}{2(1+\mu)}\tag{4-15}$$

式中：μ 为泊松比；σ_d 为动应力；ε_d 为动应变；E_d 为动弹模量；G_d 为动剪切模量。

将式(4-13)～式(4-15)代入式(4-12)，则动三轴试验条件下的 H-D 模型表达式为：

$$\sigma_d=\frac{\varepsilon_d}{\frac{1}{E_{d,max}}+\frac{\varepsilon_d}{\sigma_{d,max}}}\tag{4-16}$$

式中：$\sigma_{d,max}$ 为最大动应力；$E_{d,max}$ 为最大动弹模量。

(2) Ramberg-Osgood 模型(简称 R-O 模型)

R-O 模型骨干曲线表达式为[5,54-55,235]：

$$\gamma_d=\frac{\tau_d}{G_{d,max}}\left[1+f(\tau_d)\right]\tag{4-17}$$

式中：$f(\tau_d)$ 为动剪应力τ_d 的函数。

根据 $f(\tau_d)$ 函数形式的不同，可以得到不同形式的 R-O 模型。目前，$f(\tau_d)$ 的常用函数形式主要有以下 3 种[54]：

$$f(\tau_d)=\alpha_1\left|\tau_d\right|^{R-1}\tag{4-18}$$

$$f(\tau_d)=\alpha_2\left|\frac{\tau_d}{\tau_{d,max}}\right|^{R-1} \tag{4-19}$$

$$f(\tau_d)=\alpha_3\left|\frac{\tau_d}{C\tau_{d,max}}\right|^{R-1} \tag{4-20}$$

式中：α，R，C 均为 R-O 模型的修正参数，其中 α 为正数，R 为大于 1 的奇数。

为了对上述 3 式进行讨论，分别将上述 3 式中 α 的下标记为 1、2、3。

在式(4-17)中，若 $f(\tau_d)=0$，则 R-O 模型变为线弹性模型。在式(4-18)～式(4-20)中，若 $R=1$，则 R-O 模型变为线弹性模型。

将式(4-19)与式(4-20)分别写为：

$$f(\tau_d)=\alpha_2\left|\frac{1}{\tau_{d,max}}\right|^{R-1}|\tau_d|^{R-1} \tag{4-21}$$

$$f(\tau_d)=\alpha_3\left|\frac{1}{C\tau_{d,max}}\right|^{R-1}|\tau_d|^{R-1} \tag{4-22}$$

由式(4-18)～式(4-22)可知，若 $\alpha_1=\alpha_2\left|\frac{1}{\tau_{d,max}}\right|^{R-1}$ 或 $\alpha_1=\alpha_3\left|\frac{1}{C\tau_{d,max}}\right|^{R-1}$，则式(4-18)至式(4-20)所表示的意义是一致。因此，式(4-21)与式(4-22)是对式(4-18)的修正。采用式(4-22)进行研究，则 R-O 模型表达式为：

$$\gamma_d=\frac{\tau_d}{G_{d,max}}\left(1+\alpha\left|\frac{\tau_d}{C\tau_{d,max}}\right|^{R-1}\right) \tag{4-23}$$

将式(4-13)至式(4-15)代入式(4-23)，则动三轴试验条件下的 R-O 模型表达式为：

$$\varepsilon_d=\frac{\sigma_d}{E_{d,max}}\left(1+\alpha\left|\frac{\sigma_d}{C\sigma_{d,max}}\right|^{R-1}\right) \tag{4-24}$$

(3) 修正的 Hardin-Drnevich 模型(简称修正后 H-D 模型)

H-D 模型对于双曲线型动应力 - 动应变关系能够准确地描述，且已在大量的研究中得到应用。已有研究表明[51]，实际得到的动应力 - 动应变骨干曲线并不完全符合双曲线形状。双曲骨干曲线在低幅应变下($<10^{-4}$)的吻合较好，但大应变时与试验结果存在一定的差别[60]。由文献[51]可知，将式(4-12)中的 γ_d/γ_r 用 γ_h 来代替，从而对 H-D 模型进行修正。γ_h 与修正系数 β 的表达式为：

$$\gamma_h=\frac{\gamma_d}{\gamma_r}\beta \tag{4-25}$$

$$\beta=1+a\mathrm{e}^{-b\frac{\gamma_d}{\gamma_r}} \tag{4-26}$$

由式(4-12)、式(4-25)和式(4-26)可得：

$$\tau_d = \frac{\gamma_d G_{d,max}\left(1+a e^{-b\frac{\gamma_d G_{d,max}}{\tau_{d,max}}}\right)}{1+\left|\frac{\gamma_d G_{d,max}\left(1+a e^{-b\frac{\gamma_d G_{d,max}}{\tau_{d,max}}}\right)}{\tau_{d,max}}\right|} \tag{4-27}$$

将式(4-13)～式(4-15)代入式(4-27)，可得动三轴试验条件下修正的 H-D 模型为：

$$\sigma_d = \frac{\varepsilon_d E_{d,max}\left(1+a e^{-b\frac{\varepsilon_d E_{d,max}}{\sigma_{d,max}}}\right)}{1+\left|\frac{\varepsilon_d E_{d,max}\left(1+a e^{-b\frac{\varepsilon_d E_{d,max}}{\sigma_{d,max}}}\right)}{\sigma_{d,max}}\right|} \tag{4-28}$$

4.3.3 煤矸石路基填料骨干曲线计算模型

(1) 参数取值及模型比较

由上述分析可知，H-D 模型中含有两个参数：$\tau_{d,max}$ 与 $G_{d,max}$（$\sigma_{d,max}$ 与 $E_{d,max}$）。R-O 模型中含有五个参数：$\tau_{d,max}$、$G_{d,max}$、α、R、C（$\sigma_{d,max}$、$E_{d,max}$、α、R 和 C）。

已有学者对最大动剪切模量 $G_{d,max}$ 与最大动剪应力 $\tau_{d,max}$ 进行了大量的研究。对于最大动剪切模量，最大动剪切模量 $G_{d,max}$ 受到一系列因素的影响，包括：平均有效主应力、频率、孔隙比、颗粒特性、剪切应变幅、土的结构、固结时间效应、八面体剪应力、受荷载历史、饱和度以及温度[51]。在之后的研究中，很多学者针对不同的材料（如砂土、黏土、粗粒土等）提出了大量的经验公式。研究表明，材料的最大动剪切模量 $G_{d,max}$ 和参考应变 $\gamma_r=\tau_{d,max}/G_{d,max}$ 是材料的固有属性，其由材料的初始应力与强度特性所决定[53,55]。因此，结合本文开展的煤矸石路基填料大型动三轴试验，本书采用式(4-16)通过数据拟合来求解 $E_{d,max}$，相同的计算方法已在贺建清等[38]、邓国栋等[41]的研究中得到应用。对于最大动剪应力 $\tau_{d,max}$，其为试验所得骨干曲线渐近线所对应的剪切强度[51]，也有学者指出 $\tau_{d,max}$ 通常取动剪应力强度[236]。因此，本书取 $\sigma_{d,max}$ 为三轴试验试样所对应的动强度值，取值见图 4-2。

对于 R-O 模型参数的研究中，谢定义[51]认为 R-O 模型中含有 3 个参数，即 α、R、C；栾茂田[53]分别建立了 R 与动剪切模量、最大阻尼比的关系式以及 α 与动剪切模量、动剪应变、R 的关系式，进一步研究了变参数 R-O 模型；胡勤等[54]在栾茂田[53]的基础上，确定了 R 与最大阻尼比的关系以及 α 与 C 的关系；迟世春等[55]基于栾茂田[53]的成果研究了变参数 R-O 模型，认为模型参数是随着动剪应力而变化的。Richart 等[56]认为，砂土和黏土的 R-O 模型参数分别为：$\alpha=1.0$，$R=3.0$，$C=0.8$ 和 $C=0.4$；Idriss[57]取 R-O 模型参数为：$\alpha=0.5$，$R=3.5$，$C=1.0$；有学者认为，反滤料的 R-O 模型参数为：$\alpha=1.7$，$R=1.8-2.0$，$C=0.6$[55]。

考虑现有研究中对于 H-D 模型的应用最为成熟，也最为广泛，且 R-O 模型中参数的意义及参数值的确定均没有 H-D 模型明确，故本书对 H-D 模型对循环荷载作用下煤矸石路基填料的动应力与动应变关系展开研究。

(2) 基于修正 H-D 模型的煤矸石路基填料骨干曲线计算模型

由图 4-4 可知，通过试验获取的动应力-动应变骨干曲线并非呈现出良好的双曲线形。因此，可采用修正的 H-D 模型对循环荷载作用下煤矸石路基填料的骨干曲线进行描述。

上述研究中获取了不同围压条件下的一系列 σ_d 与 ε_d，然后通过 MATLAB 软件采用最小二乘法确定式(4-28)中的模型参数。其中，最小二乘法的基本原理是令所拟合的函数值与试验测量误差的平方和最小[237-238]，则：

$$\sum_{i=1}^{n}\left[\sigma_d-\frac{\varepsilon_d E_{d,max}\left(1+a e^{-b\frac{\varepsilon_d E_{d,max}}{\sigma_{d,max}}}\right)}{1+\left|\frac{\varepsilon_d E_{d,max}\left(1+a e^{-b\frac{\varepsilon_d E_{d,max}}{\sigma_{d,max}}}\right)}{\sigma_{d,max}}\right|}\right]^2$$

$$=\min\left\{\sum_{i=1}^{n}\left[\sigma_d-\frac{\varepsilon_d E_{d,max}\left(1+a e^{-b\frac{\varepsilon_d E_{d,max}}{\sigma_{d,max}}}\right)}{1+\left|\frac{\varepsilon_d E_{d,max}\left(1+a e^{-b\frac{\varepsilon_d E_{d,max}}{\sigma_{d,max}}}\right)}{\sigma_{d,max}}\right|}\right]^2\right\} \tag{4-29}$$

通过式(4-29)求得修正后 H-D 模型参数见表 4-2。由表 4-2 可知，基于修正 H-D 模型获取的煤矸石试样最大动弹模量分布在 83.67～1 613.26 MPa，模型修正参数 α 介于 $-1.000\ 1$～0.972 4 之间，参数 b 介于 9.09×10^{-5}～0.005 之间。

表 4-2　修正后 H-D 模型参数

σ_3'/kPa	$E_{d,max}$/MPa	a	b	R^2
50	83.67	−0.972 42	0.005 47	0.984 75
100	378.95	−0.999 99	4.08×10^{-4}	0.990 69
150	860.37	−1.000 56	9.09×10^{-5}	0.988 49
200	1 613.26	−1.000 11	3.45×10^{-5}	0.956 34

为了分析修正 H-D 模型对于试验结果描述的适用程度，将修正后 H-D 模型的拟合结果与试验结果进行对比，如图 4-5 所示。由图 4-5 可知，采用修正后的 H-D 模型能够准确地描述煤矸石路基填料动应力-动应变骨干曲线，拟合曲线与试验数据非常接近，相关系数达到了 0.95 以上。

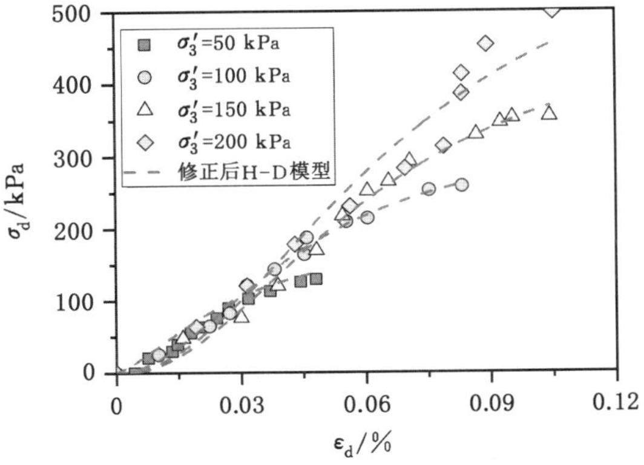

图 4-5 修正后 H-D 模型拟合结果与试验结果对比图

为了分析上述方法对 H-D 模型的修正情况，将修正前后 H-D 模型的拟合结果与试验结果进行对比，如图 4-6 所示。由图 4-6 可知，修正后 H-D 模型的拟合曲线与试验数据更为接近。进一步将修正前后 H-D 模型的相关系数进行对比分析，结果如图 4-7 所示。由图 4-7 可知，未修正 H-D 模型的相关系数分布在 0.82～0.92，而修正后 H-D 模型的相关系数分布在 0.95～0.99。因此，采用未修正的 H-D 模型对煤矸石试样的动应力-动应变骨干曲线进行描述也能得到较好的效果，而修正后 H-D 模型能够取得更好的效果。

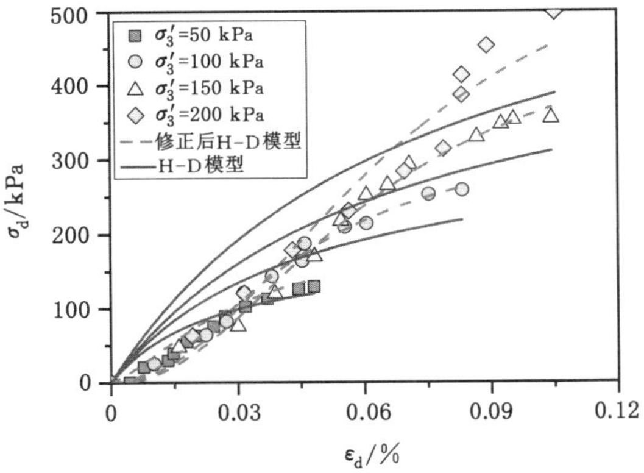

图 4-6 修正前后 H-D 模型的拟合结果与试验结果对比图

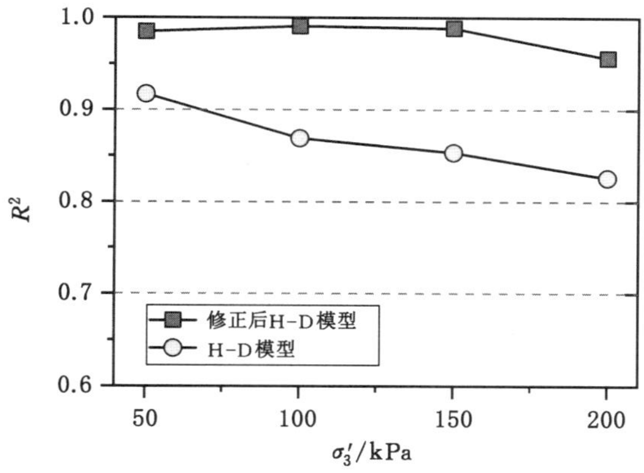

图 4-7　修正前后 H-D 模型相关系数对比图

(3) 考虑围压效应的煤矸石路基填料骨干曲线计算模型推导

基于修正后 H-D 模型获取的煤矸石路基填料最大动弹模量 $E_{d,max}$ 见表 4-2。研究表明，最大动弹模量与围压的关系可表述为[38]：

$$E_{d,max}=kp_a\left(\frac{\sigma'_3}{p_a}\right)^n \tag{4-30}$$

式中：p_a 为大气压力，取为 101.325 kPa；k 与 n 为拟合参数。

通过对煤矸石试样的最大动弹模量 $E_{d,max}$ 与围压 σ_3' 进行分析可知，$E_{d,max}$ 与 σ_3' 的关系满足式(4-30)，求解得到 $k=3\ 729.74$、$n=2.13$，且相关系数高达 0.999 7。图 4-8 展示了试验数据与采用式(4-30)拟合结果的对比情况。

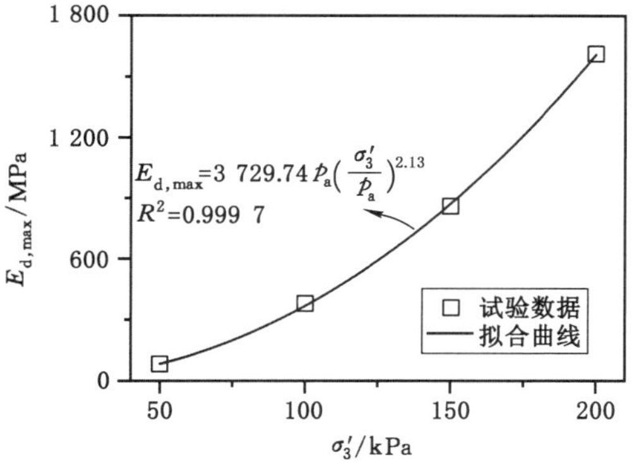

图 4-8　最大动弹模量与围压的关系曲线

将式(4-30)代入式(4-28)，则欠考虑围压效应的煤矸石路基填料骨干曲线计算模型表达式为：

$$\sigma_d=\left[\frac{1}{\varepsilon_d k p_a\left(\frac{\sigma'_3}{p_a}\right)^n\left[1+a e^{-bkP_a\left(\frac{\sigma'_3}{P_a}\right)^n\frac{\varepsilon_d}{\sigma_{d,max}}}\right]}+\frac{1}{\sigma_{d,max}}\right]^{-1} \tag{4-31}$$

将所建立考虑围压效应的煤矸石路基填料骨干曲线计算模型[式(4-31)]与试验结果进行对比，如图4-9所示。由图4-9可知，模型计算与试验结果较为吻合，从而验证了考虑围压效应煤矸石路基填料骨干曲线计算模型的正确性。

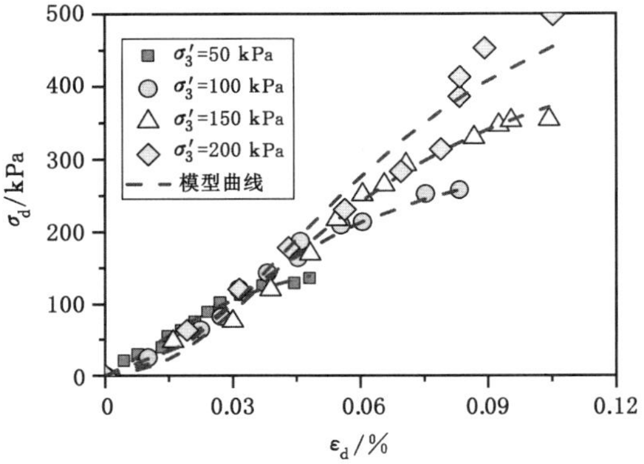

图4-9　模型计算与试验结果对比图

4.3.4　动弹模量与阻尼比分析

依据已有研究[38,41,51]，由式(4-12)可求得煤矸石路基填料动剪切模量 G_d，则计算公式为：

$$G_d=\frac{G_{d,max}}{1+\frac{\gamma_d}{\gamma_r}} \tag{4-32}$$

通过式(4-25)、式(4-26)修正后的动剪切模量 G_d 为：

$$G_d=\frac{G_{d,max}}{1+\gamma_d}=\frac{G_{d,max}}{1+\frac{\gamma_d G_{d,max}\left(1+a e^{-b\frac{\gamma_d G_{d,max}}{\tau_{d,max}}}\right)}{\tau_{d,max}}} \tag{4-33}$$

将式(4-13)～式(4-15)代入式(4-33)，则修正后的动弹模量 E_d 计算公式为：

$$E_d = \frac{E_{d,\max}}{1+\gamma_?} = \frac{E_{d,\max}}{1+\frac{\varepsilon_d E_{d,\max}\left(1+a e^{-b\frac{\varepsilon_d E_{d,\max}}{\sigma_{d,\max}}}\right)}{\sigma_{d,\max}}} \tag{4-34}$$

通过式(4-34)求得煤矸石试样的动弹模量，其中图 4-10 展示了动弹模量 $E_{d,\max}$ 与动应变 ε_d 的关系曲线。由图 4-10 可知：随着动应变的增大，动弹模量不断降低；且降幅逐渐减小；而随着试样围压的增大，动弹模量不断增大。

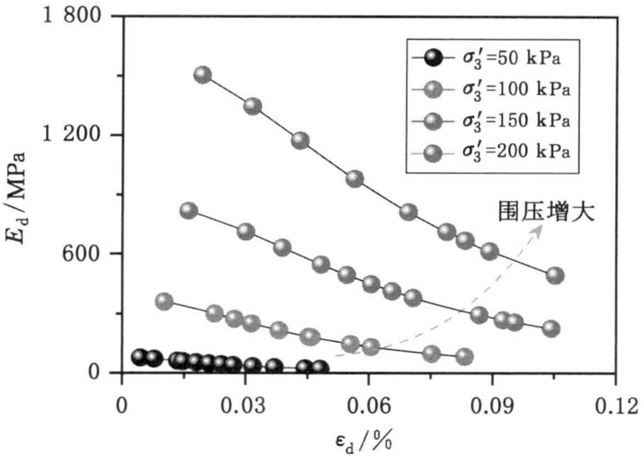

图 4-10　煤矸石路基填料动弹模量与动应变的关系曲线

阻尼比 λ 通过能量损失的角度定义为[51]：

$$\lambda = \frac{1}{4\pi}\frac{\Delta W}{W} = \frac{1}{4\pi}\frac{A_0}{A_r} \tag{4-35}$$

式中：λ 为阻尼比；ΔW 为一个周期内损耗的能量；W 为作用的总能量；A_0 为滞回圈的面积；A_r 为坐标原点 $O(0,0)$ 与滞回曲线上最大动应力和最大动应变点 $B(\varepsilon_{dm},\sigma_{dm})$ 及点 B 在横坐标轴上的投影点 $A(\varepsilon_{dm},0)$ 所围成的面积。

图 4-11 展示了围压为 50 kPa 煤矸石试样加载第 60 级荷载的阻尼比计算示意图，其中 ε_{dm} 与 σ_{dm} 分别为滞回曲线上的最大动应变和最大动应力。

通过式(4-35)求得煤矸石试样在循环荷载作用下的阻尼比。图 4-12 所示为阻尼比与动应变的关系曲线。由图 4-12 可知，虽然阻尼比与动应变的关系曲线波动较大，但是随着动应变的增加，阻尼比整体呈减小的趋势，且随着围压的增加，阻尼比亦呈现出减小的变化趋势。

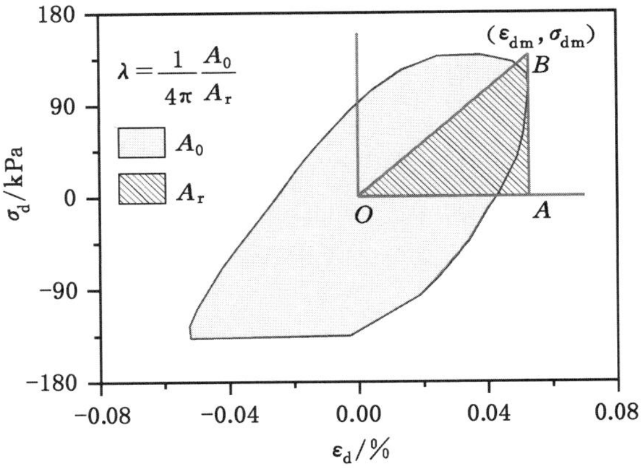

图 4-11 阻尼比计算示意图

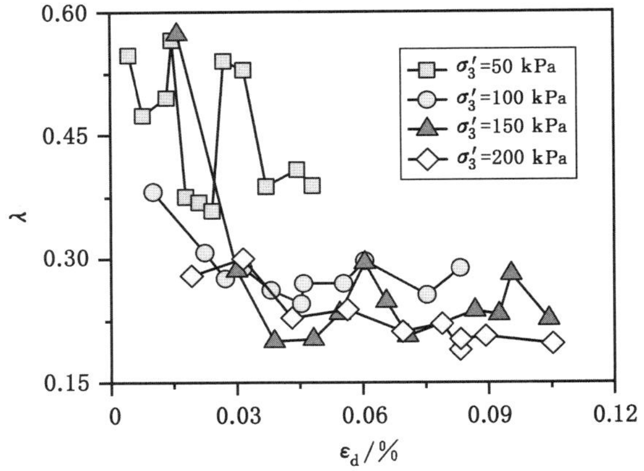

图 4-12 阻尼比与动应变的关系曲线

4.4 循环荷载作用下煤矸石路基填料的滞回曲线

4.4.1 基于大型动三轴试验的煤矸石路基填料滞回曲线

滞回曲线反映了卸载与再加载过程中不同时刻动应力-动应变的形状，通过追踪滞回曲线的变化就能够充分了解动荷载加载过程中应力-应变变化的全过程[51]。

如前文所述，由于本书分级加载的级数较多，为了绘图过程中清晰的展示每级荷载下滞回曲线的变化规律，选取了 5 的倍数级（即加载第 5、10、15、20、25、30、35、40、45、50、55、60 级），通过加载时的滞回曲线进行重点分析，并选取每级动荷载作用下第 6 次循环荷载下的滞回圈进行研究。图 4-13 所示为不同围压条件下煤矸石试样的滞回曲线。由图 4-13 可知，循环荷载作用下煤矸石路基填料的滞回圈呈近似椭圆形，滞回圈并没有很平滑；随着动应变与围压的增大，滞回圈加卸载段的间距、整体的倾斜角度、围成的面积及其扁平的程度均发生一系列的变化。因此，为了准确分析循环荷载作用下滞回曲线的变化规律，引入滞回圈不闭合程度ε_{phl}、滞回圈长轴倾斜程度k_{hl}、滞回圈面积大小S_{hl}及滞回圈的饱满程度α_{hl}等指标对煤矸石路基填料滞回曲线形态特征的变化进行量化分析。

4.4.2　滞回曲线形态特征定量分析

滞回曲线是循环荷载作用下材料动力特性的根本反映，是构建材料动本构模型的核心所在[78]。滞回曲线的形态可以反映材料的宏观力学特征[74,7]。因此，对滞回曲线形态特征的研究具有重要的理论与实际意义。本书参考庄心善等[78-79,234]、罗飞等[73-74]、魏新江等[77]、黄娟等[76]的研究成果，对循环荷载作用下煤矸石路基填料滞回曲线的形态特征进行定量分析。

（1）滞回圈不闭合程度分析

由图 4-13 所示的不同围压条件下煤矸石试样的滞回曲线可知，循环荷载作用下煤矸石路基填料的滞回曲线是不闭合的。图 4-13 中滞回圈的起点为试验中循环荷载加载的起点，滞回圈的终点为循环荷载卸载的终点。参考庄心善等[78,234]的研究，采用一个周期内加载起点（如图 4-14 中 A_1 点）与卸载终点（如图 4-14 中 B_1 点）所对应的应变之差来表征滞回曲线的不闭合程度（图 4-14 以围压为 50 kPa 煤矸石试样加载第 60 级荷载时的滞回曲线为例，展示了煤矸石试样滞回曲线形态特征定量计算的示意图），将其定义为：

$$\varepsilon_{phl}=\left|\varepsilon_{pe}-\varepsilon_{pb}\right| \tag{4-36}$$

式中：ε_{phl} 为滞回圈的不闭合程度；ε_{pe} 为一个周期内的加载终点（如图 4-14 中B_1点）；ε_{pb} 为一个周期内的加载起点（如图 4-14 中点 A_1）。

滞回圈不闭合程度表征了一个周期动荷载加卸载之后的残余应变[77]。如图 4-13 所示，循环荷载作用下煤矸石试样的滞回圈不封闭且不对称，因为循环荷载作用引起煤矸石试样发生了不可恢复的塑性变形，滞回圈的中心逐渐向着动应变增大的方向移动，显示出应变逐渐累积的性质。这与谢定义[51]的研究结论是一致的。

图 4-15 展示了ε_{phl} 与ε_d 的关系曲线。由图 4-15 可知：

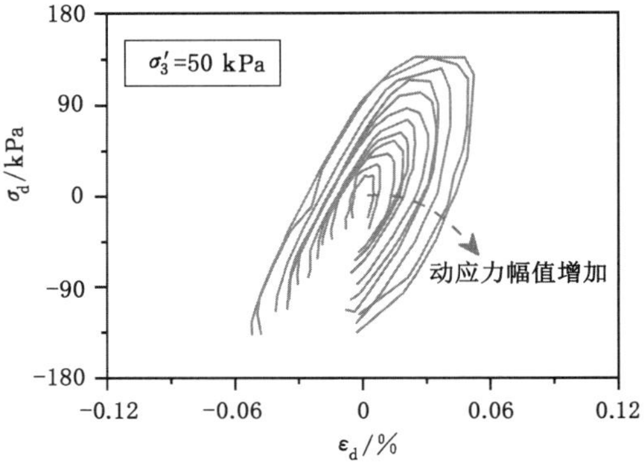

(a)

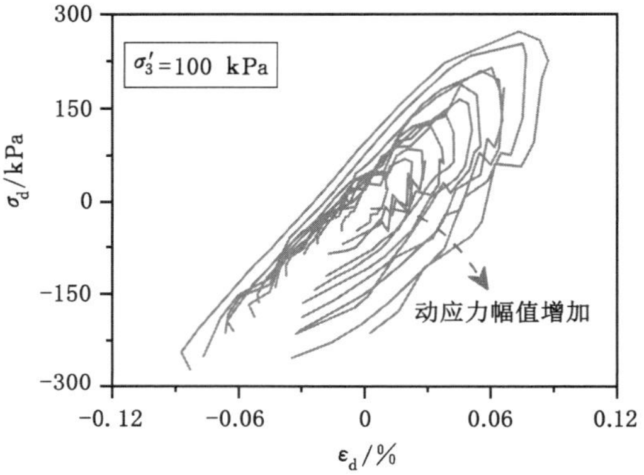

(b)

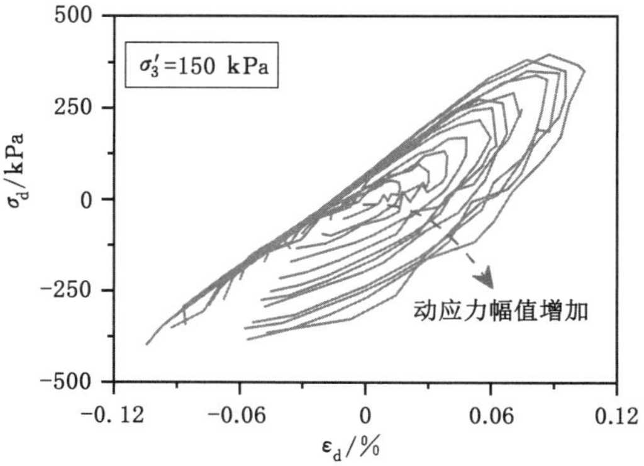

(c)

图 4-13　煤矸石路基填料滞回曲线

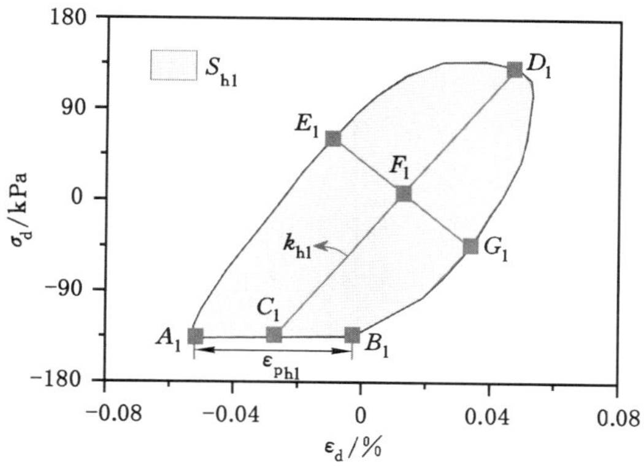

图 4-14　滞回曲线形态特征定量计算示意图

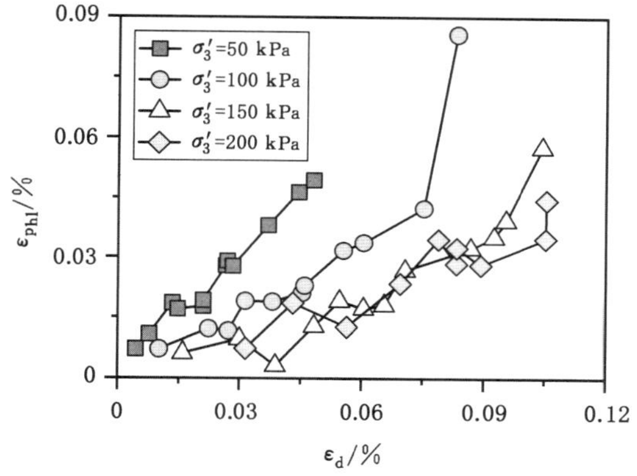

图 4-15　ε_{phl} 与 ε_d 的关系曲线

① 随着动应变的增大，滞回圈的不闭合程度近似呈指数增加，说明动应力幅值越大，将导致路基填料所产生的残余变形越大。

② 随着围压的增加，滞回圈的不闭合程度不断减小。

以上分析表明，围压对煤矸石试样的压密作用使得煤矸石颗粒间的咬合作用增强，黏聚力和摩擦力增大，导致残余变形难以发展，围压对于ε_{phl} 的发展产生明显的抑制作用。这与庄心善等[78,234]采用直径 50 mm、高度 100 mm 圆柱体试样研究改良膨胀土滞回曲线形态特征所得到的结论基本一致。然而，由于本书介绍的是煤矸石粗颗粒的动力特性试验，加载过程中粗颗粒会发生滑移与破碎，因而滞回圈不够光滑，曲线也会产生一些波动。

(2) 滞回圈长轴倾斜程度分析

由图 4-13 可知,循环荷载作用下煤矸石路基填料的滞回曲线在加载段与卸载段的曲线并不完全对称,且滞回曲线不闭合。取一个周期内加卸载段的转折点(如图 4-14 中D_1 点)与加卸载段始末点的中点(如图 4-14 中C_1 点)所在直线的斜率来表征滞回圈长轴的倾斜程度,如图 4-14 所示。滞回圈长轴倾斜程度定义为:

$$k_{hl}=\frac{\sigma_D-\sigma_C}{\varepsilon_D-\varepsilon_C} \tag{4-37}$$

式中:k_{hl} 为滞回圈的长轴倾斜程度;ε_D,σ_D 分别为一个周期内加卸载段转折点的动应变与动应力;ε_C,σ_C 分别为一个周期内加卸载段始末点中点的动应变与动应力。

滞回圈长轴倾斜程度反映了煤矸石路基填料的刚度与弹性性能[78,234]。k_{hl} 值越大,则煤矸石路基填料的弹性性能越好,动弹模量就越大;反之,说明其易软化,动弹模量就越低。图 4-16 所示为k_{hl} 与ε_d 的关系曲线。

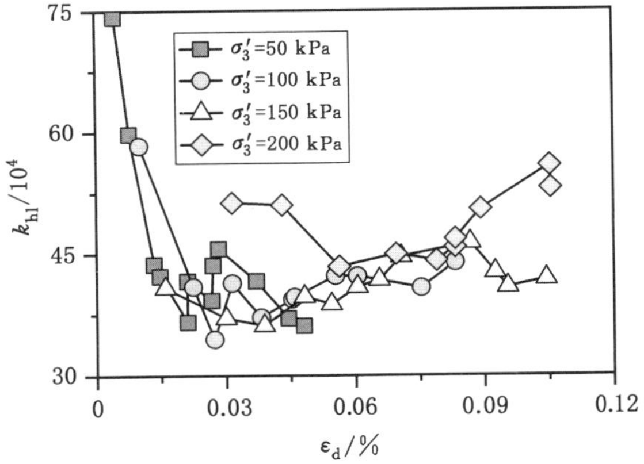

图 4-16 k_{hl} 与ε_d 的关系曲线

由图 4-16 可知:

(1) 随着动应变的增加,煤矸石试样的长轴倾斜程度先减小而后表现出增加的趋势。这表明在分级加载初期试样抵抗变形的能力较强[79],随着动应力的增大,试样抵抗变形能力逐渐减弱,而在加载后期得到了轻微的加强。

(2) 随着试样围压的增大,滞回圈的长轴倾斜程度表现出逐渐增大的变化趋势,这与 4.3.3 节动弹模量随围压的变化规律是一致的。随着围压的增大,煤矸石试样受到的初始应力增加,孔隙比减小,试样黏聚力和摩擦力增强,相对滑移变得困难,从而提高了试样抵抗变形的能力[79]。

(3) 滞回圈面积大小分析

由于滞回圈不闭合,因而本书在计算滞回圈时先将加卸载段的始末点相连,然后求解封闭滞回圈的面积。首先人为地将滞回圈划分为两段,即滞回圈斜率为正值的那段和斜率为负值的那段;其次将滞回圈斜率为正值的那段与横坐标轴围成的面积减去滞回圈斜率为负值的那段与横坐标轴围成的面积,即可得到滞回曲线的面积。其计算公式为:

$$S_{\mathrm{hl}}=\frac{1}{2}\sum_{i=1}^{n}(\sigma_i+\sigma_{i+1})(\varepsilon_{i+1}-\varepsilon_i)-\frac{1}{2}\sum_{j=1}^{m}(\sigma_j+\sigma_{j+1})(\varepsilon_{j+1}-\varepsilon_j) \quad (4\text{-}38)$$

式中:S_{hl} 为滞回圈面积大小;ε_i,σ_i 分别为滞回圈斜率为正值的那段各点的动应变与动应力,滞回圈斜率为正值的那段共有 $n-1$ 个点;ε_j,σ_j 分别为滞回圈斜率为负段各点的动应变与动应力,滞回圈斜率为负值的那段共有 $m-1$ 个点。

滞回圈面积大小体现了煤矸石试样因阻尼而产生能量消耗的大小[51,77]。滞回圈面积越大表明试样在一个循环荷载下的能量消耗越大[78]。

图 4-17 所示为滞回圈面积 S_{hl} 与动应变 ε_d 的关系曲线。由图 4-17 可知,小应变条件下各曲线交织在一起难以分辨,那么图 4-17 中绘制内嵌图用于展示动应变 ε_d 小于 0.04 %时曲线的变化情况。另外,当动应变较小($\varepsilon_d<0.04$ %)时,试样能够较充分回弹,故其滞回圈面积的大小比较接近,试样中耗散的能量较小。随着动应变的增加,试样的破坏程度加深,滞回圈面积呈指数增大,阻尼比增加[78];而随着围压的增大,滞回圈面积呈现出减小的变化趋势。相对于庄心善等[78]的研究结论而言,本试验中围压对滞回圈面积的影响并不十分显著,因为在试验加载过程中煤矸石粗颗粒的滑移和破碎消耗了部分能量。

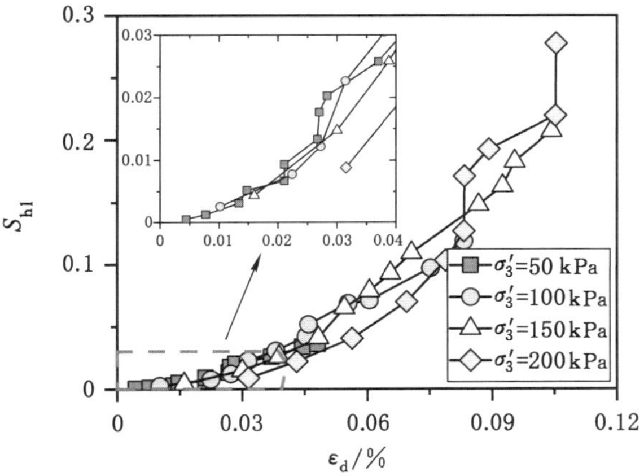

图 4-17　S_{hl} 与 ε_d 的关系曲线

(4) 滞回圈饱满程度分析

由图 4-13 可知,不同试验条件下滞回圈的饱满程度不尽相同。为了分析滞回圈的饱满程度,可采用参数 α_{hl} 来表征滞回圈的饱满程度[78,234],并将其定义为:

$$\alpha_{hl}=\frac{b_{hl}}{a_{hl}} \tag{4-39}$$

式中:α_{hl} 为滞回圈的饱满程度;b_{hl} 为滞回圈长轴的长度,即图 4-14 中C_1 点与D_1 点的距离;a_{hl} 为滞回圈短轴的长度。

考虑如图 4-13 所示的滞回圈加卸载段不对称且滞回圈不够光滑,本书取加卸载段距离直线C_1D_1 距离最大点的和,即线段E_1F_1 与线段F_1G_1 之和。

滞回圈的饱满程度α_{hl} 体现了煤矸石路基填料的黏滞程度,α_{hl} 值越大,则其黏滞性就越大;α_{hl} 值越小,则其黏滞性就越小[78-79]。在图 4-13 所示的煤矸石路基填料滞回曲线中,饱满程度越小,滞回圈越扁平;饱满程度越大,滞回圈越饱满。

图 4-18 所示为滞回圈饱满程度 α_{hl} 与动应变 ε_d 的关系曲线。由图 4-18 可知,随着动应变的增加,煤矸石路基填料滞回曲线的饱满程度近似呈直线增大;围压对滞回曲线饱满程度的影响显著,即围压越大,滞回曲线饱满程度就越小。进一步分析可知,随着动应变的增加,煤矸石颗粒被逐渐压密、发生滑移甚至破碎,试样的结构发生破坏,逐渐产生不可恢复的塑性变形,在循环动应力条件下,试样的黏滞性增加,滞回圈越发饱满;而围压越大,则试样内部的煤矸石颗粒接触越紧密,试样越密实,其在循环荷载作用下的黏滞性降低,则其滞回圈就更加

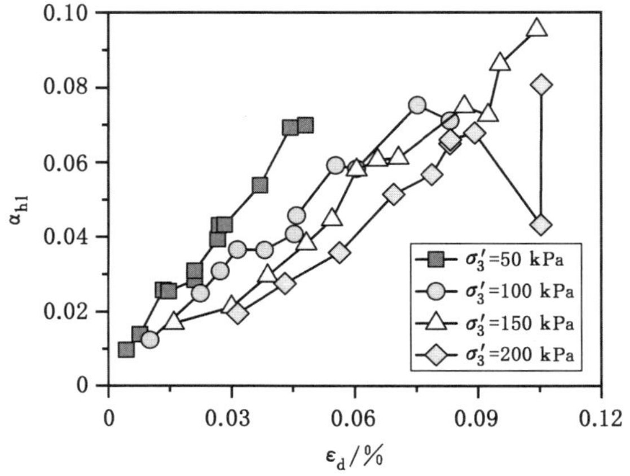

图 4-18 α_{hl} 与 ε_d 的关系曲线

扁平。煤矸石路基填料滞回圈饱满程度的试验结果与庄心善等[78]研究风化砂改良膨胀土得出的结论基本一致。但是，庄心善等[78]研究的粉粒与黏粒的试样中得到小应变条件下滞回圈饱满程度随动应变的增大呈“先减小、后增大”的趋势，并将其归因于小应变条件下土体试样保持的弹性性能。本试验中小应变条件下试样的粗颗粒被逐渐压密，其弹性性能不够明显，因而其试验结果中未表现出明显的转折点。

4.5　循环荷载作用下煤矸石路基填料的累积变形

监测数据表明，交通循环荷载作用下路基的长期附加沉降是非常可观的，甚至能够对工程的正常运营产生直接影响。因此，准确分析并预测路基的长期附加沉降对于已建成工程的正常使用、安全运营以及对今后工程施工的指导均具有重要的理论与实际意义[227]。

4.5.1　累积变形与循环次数的变化规律

大型三轴试验制样困难、试验周期长、乳胶膜耗损大、试验成本高[202]。因此，我们采用多个试样分别加载试验研究围压效应、级配效应及不同压实度对煤矸石路基填料累积变形的影响，并且采用单个试样分级加载试验研究不同动应力幅值对其累积变形的影响。铁路路基中的循环动荷载一般分布在 35～185 kPa[86,239]，王家全等[49]分别采用 90 kPa 与 135 kPa 的动应力幅值研究了循环荷载下加筋砾性土填料的累积变形。在多个试样加载试验中，轴向动应力幅值取 180 kPa。在单个试样分级加载试验中，采用循环应力比来控制试样轴向荷载的加载应力。具体试验方案设计详见 4.2.2 节。

(1) 围压效应对累积变形的影响

依据弹塑性力学理论[86]，循环荷载作用下煤矸石试样产生的轴向应变包括弹性应变 ε^e 与塑性应变 ε^p 两部分，即：

$$\varepsilon = \varepsilon^e + \varepsilon^p \tag{4-40}$$

式中：ε 为试样的轴向应变；ε^e 为弹性应变；ε^p 为塑性应变。

弹性应变可以在试样加卸载过程中得以恢复，而塑性应变不可恢复且会逐渐积累，最终导致试样破坏。因此，本书介绍的累积变形为循环荷载作用下产生的累积塑性变形，如图 4-19 所示。

依据上述试验方案，得到煤矸石路基填料不同围压条件下轴向累积应变 ε^p 与循环荷载振动次数 N 的关系曲线，如图 4-20 所示。由图 4-20 可知：

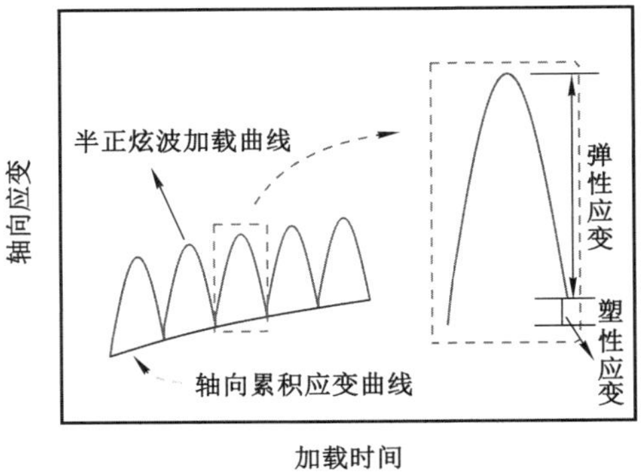

图 4-19 累积变形计算示意图

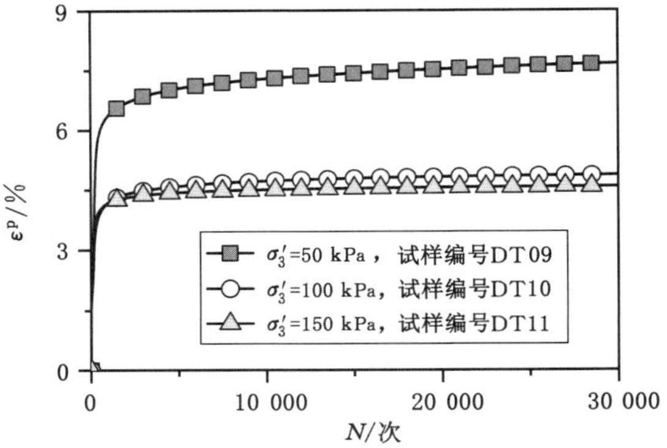

图 4-20 不同围压条件下累积应变与循环荷载振动次数关系曲线
（D_c=93%且 D=2.37）

① 轴向累积应变与循环荷载振动次数的关系曲线可分为三个阶段：第一阶段为快速增长阶段，曲线近似线性增长；第二阶段为减速增长阶段，曲线增长速率明显放缓，曲线斜率逐渐减小；第三阶段为基本稳定阶段，累积变形基本稳定，曲线变化极小。

② 围压对累积变形的影响与围压的水平有关。当围压较小时，其对累积变形的影响显著；而当围压较大时，其对累积变形的影响较小。

如图 4-20 所示，当围压由 50 kPa 增加到 100 kPa 时，轴向累积应变减小了 2.79%；而当围压由 100 kPa 增加到 200 kPa 时，轴向累积应变仅减小了 0.30%。以上研究结果也反映出交通循环荷载对路基的影响随着路基填埋深度的增大而减小。同时，这种现象与 3.3.3 节静力作用下的力学性能较为一致。

(2) 级配效应对累积变形的影响

为了分析颗粒级配对煤矸石路基填料的影响，将不同级配煤矸石试样轴向累积变形 ε^{p} 与循环荷载振动次数 N 的关系绘制在一幅图中进行对比分析，如图 4-21 所示。由图 4-21 可知：

① 当循环荷载振动次数小于 400 次时，轴向累积应变近似直线增长，增速很快；当循环荷载振动次数大于 400 次小于 1 000 次时，轴向累积应变增速开始放缓，增速逐渐减小；当循环荷载振动次数大于 1 000 次时，轴向累积应变基本趋于稳定，且变化较小。

② 颗粒级配对煤矸石试样轴向累积变形的影响显著，随着分形维数的增加，累积变形呈“先增大、后减小”的趋势，反映出循环荷载作用下煤矸石试样依然存在明显的最优级配区间。这与 2.5 节煤矸石试样压实特性及 3.3.1 节静力作用下煤矸石试样的力学性质均较为一致，其原因分析见 3.3.1 节。

如图 4-21 所示，当细颗粒含量最多时($D=2.61$ 时)，煤矸石试样在循环荷载振动次数很小时($N=535$ 次)便发生破坏(累积应变达 15%)。然而，在 4 组试验中，当 $D=2.13$ 时，煤矸石试样的累积应变最小。

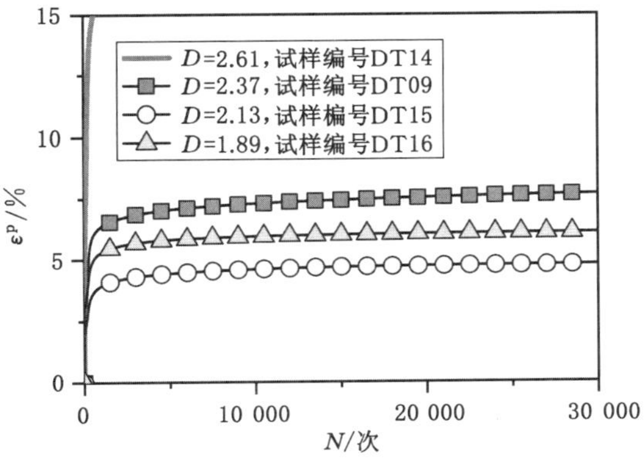

图 4-21　不同级配条件下累积应变与循环荷载振动次数的关系曲线($D_c=93\%$且 $\sigma_3'=50$ kPa)

(3) 压实度对累积变形的影响

图 4-22 展示了不同压实度条件下轴向累积应变与循环荷载振动次数的关系曲线。由图 4-22 可知，轴向累积应变与循环荷载振动次数的变化关系与上述不同围压和级配条件下的变化趋势基本一致，而压实度对煤矸石路基填料轴向

累积应变的影响依赖于压实度的水平。当压实度由 90%增加到 93%时,累积变形的发展几乎没有受到影响;当压实度由 93%提高到 96%时,提高压实度对于抑制累积变形具有显著的效果,累积应变值减小近一半。

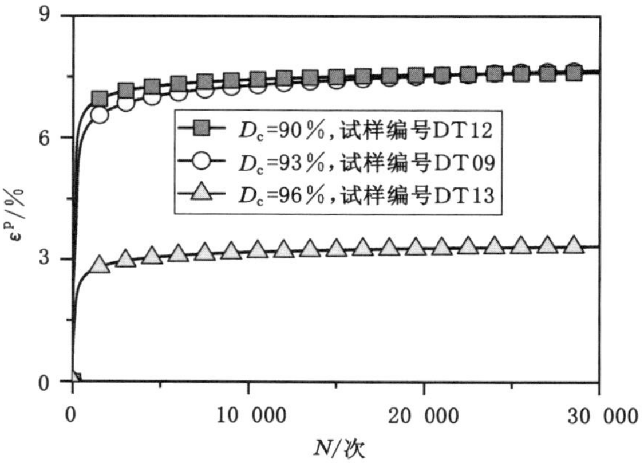

图 4-22 不同压实度条件下累积应变与循环荷载振动次数的关系曲线(σ_3'=50 kPa 且 D=2.37)

(4) 轴向动应力幅值对累积变形的影响

图 4-23 展示了压实度为 93%、围压分别取为 50 kPa、100 kPa、150 kPa、200 kPa 时(对应试样编号分别为 DT05、DT06、DT07、DT08),单个试样在分级加载条件下不同轴向动应力幅值对煤矸石路基填料轴向累积变形的影响。由图 4-20～图 4-22 可知,当轴向荷载振动次数大于 1 000 次时,轴向累积应变基

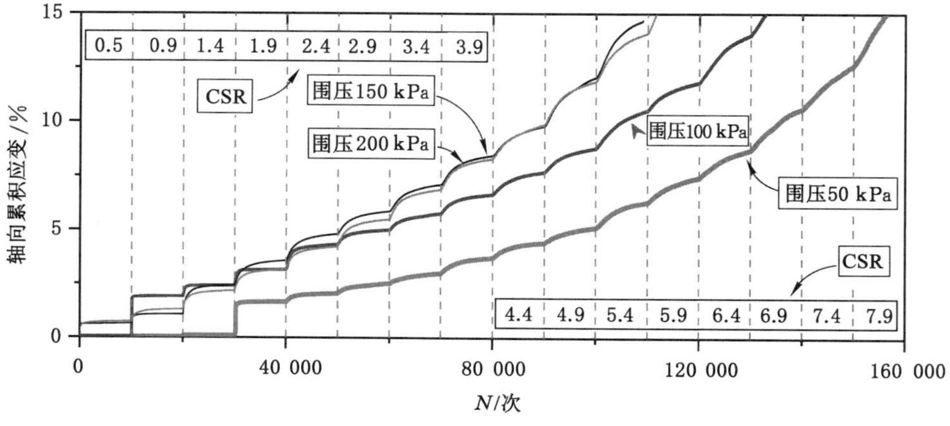

图 4-23 不同轴向动应力幅值条件下累积应变与循环荷载振动次数的关系曲线

本趋于稳定。因此，图 4-23 中试样分级加载时每级荷载施加 10 000 次，确保其累积变形基本趋于稳定。图 4-24 所示为轴向累积应变与循环应力比的关系曲线，其轴向累积应变分别为加载次数为 10 000 次整数倍时的累积应变。试验加载依据 4.2 节试验方案设计按照定义的循环应力比进行加载，直至试样破坏(即累积应变达 15%)时停止试验，每级循环荷载施加 10 000 次。图 4-23 中围压越小，其破坏时循环荷载振动次数越大。这是因为各试样的加载按照相同的循环应力比进行，围压越小，相同循环应力比下试样的轴向动应力幅值就越小，故其破坏时的循环荷载振动次数就越大。

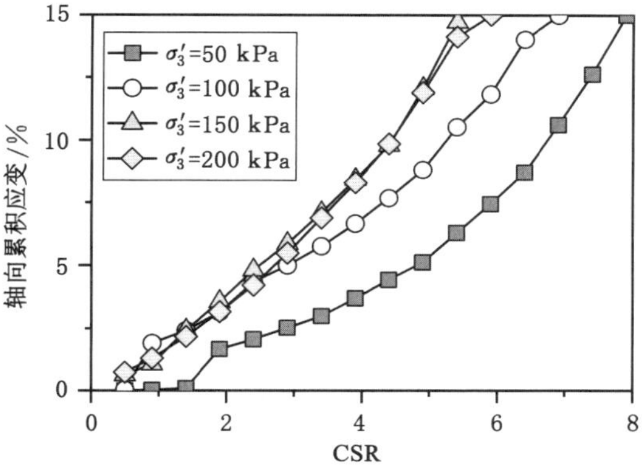

图 4-24　轴向累积应变与循环应力比的关系曲线

由图 4-23 和图 4-24 可知，轴向动应力幅值对试样累积变形存在显著影响。随着动应力幅值的增大，煤矸石试样的累积变形逐渐增大，增幅逐渐增加；累积变形曲线中的快速增长阶段和减速增长阶段所需循环荷载振动次数增加，而基本稳定的振动次数减少。在分级加载条件下，围压对试样累积变形的影响也依赖于围压的水平，随着围压的增大，其对累积变形的影响将逐渐减弱。

4.5.2 累积变形计算模型

(1) 现有模型对比分析

累积变形预测模型的建立以来，受到众多学者的关注，应用最广泛的是 Monismith 等[80]提出的累积变形计算模型。其计算公式为：

$$\varepsilon^{p} = \alpha_1 N^{\beta_1} \tag{4-41}$$

式中：ε^{p} 为累积塑性应变；N 为循环荷载振动次数；α_1，β_1 分别为该模型拟合参数。

此外，李扬波等[86]提出的累积变形计算模型为：

$$\varepsilon^{p}=\alpha_2(1-e^{-\beta_2 N}) \tag{4-42}$$

式中：α_2，β_2 分别为该模型拟合参数。

刘宝等[99]提出的累积变形计算模型为：

$$\varepsilon^{p}=\alpha_3+\beta_3\ln N \tag{4-43}$$

式中：α_3，β_3 分别为该模型拟合参数。

王家全等[49]提出的累积变形预测模型为：

$$\varepsilon^{p}=\frac{N}{\alpha_4+\beta_4 N+\gamma_4 N^{0.5}} \tag{4-44}$$

式中：α_4，β_4 分别为该模型拟合参数。

依据 4.5.1 节试样累积变形与循环次数的变化规律，采用数据拟合的方法以及式(4-41)至式(4-44)的计算模型对循环荷载作用下煤矸石路基填料的累积变形进行分析，其中采用式(4-44)无法通过数据拟合得到煤矸石试样累积变形模型的参数，这里不再赘述。求解得到式(4-41)至式(4-43)的计算模型拟合参数，见表 4-3。

表 4-3 计算模型拟合参数

试样编号	DT09	DT10	DT11	DT12	DT13	DT14	DT15	DT16
α_1	3.908 5	2.812 6	3.250 1	4.952 3	1.660 4	12.170 7	2.531 2	3.773 7
β_1	0.066 7	0.055 0	0.034 5	0.043 2	0.069 3	0.032 3	0.063 5	0.048 2
R^2	0.815 9	0.770 9	0.705 0	0.717 0	0.858 5	0.387 6	0.857 0	0.774 2
α_2	7.360 0	4.736 7	4.498 3	7.447 6	3.203 9	16.560 0	4.621 7	5.953 3
β_2	0.003 3	0.004 1	0.010 2	0.006 2	0.003 1	0.005 1	0.003 3	0.004 7
R^2	0.694 7	0.709 1	0.593 6	0.704 2	0.632 0	0.891 1	0.603 8	0.618 2
α_3	2.812 8	2.294 5	3.033 9	4.415 7	1.158 4	11.299 4	1.910 8	3.261 2
β_3	0.480 8	0.258 4	0.155 8	0.321 6	0.216 3	0.553 7	0.286 6	0.285 0
R^2	0.856 0	0.809 5	0.732 1	0.749 4	0.898 0	0.414 9	0.893 7	0.809 1

由表 4-3 中拟合参数的相关系数可知，现有累积变形计算模型中对于循环荷载作用下煤矸石路基填料累积变形的描述不够精确。累积变形曲线可分为三种类型：一是稳定/衰减型，即累积变形曲线随着循环荷载振动次数的增加不断增大，且能在循环荷载振动次数较大时趋于稳定值；二是破坏型，即当循环荷载振动次数较大时，累积变形将急剧增大直至试样破坏；三是临界型，即分布在①与②之间的曲线类型[70]。已有的累积变形计算模型能够很好地描述上述某一

类型曲线的变化规律，但对于不同类型累积变形曲线普遍适用的计算模型研究较少。因此，有必要以煤矸石路基填料累积变形为基础，提出能够普遍适用于不同类型累积变形的预测模型。

（2）累积变形计算模型的建立

基于上述煤矸石试样累积变形曲线及现有模型的分析，通过 MATLAB 编程对煤矸石试样轴向累积应变与循环荷载振动次数的变化关系进行回归分析，建立循环荷载作用下煤矸石路基填料累积应变的预测模型，则：

$$\varepsilon^{\mathrm{p}} = \frac{pN}{q+N} \tag{4-45}$$

式中：p，q 均为模型拟合参数。

通过最小二乘法，采用 MATLAB 编程对式(4-45)中的模型参数进行求解[237]：

$$\sum_{i=1}^{n}\left(\varepsilon^{\mathrm{p}} - \frac{pN}{q+N}\right)^2 = \min\left[\sum_{i=1}^{n}\left(\varepsilon^{\mathrm{p}} - \frac{pN}{q+N}\right)^2\right] \tag{4-46}$$

通过式(4-45)、式(4-46)求得的模型拟合参数见表 4-4。图 4-25 所示为上述各累积变形预测模型相关系数的对比图。图 4-26 所示为上述不同试验条件下试验数据与本文预测模型曲线的对比图。由表 4-3 可知，已有研究中的预测模型能够对循环荷载作用下煤矸石路基填料的累积变形进行较好的预测，但其相关性系数均在 0.9 以下。

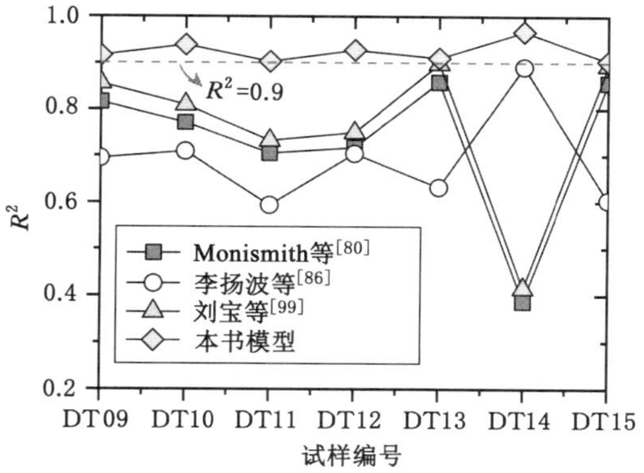

图 4-25　累积变形预测模型相关系数对比图

由表 4-3、表 4-4、图 4-25 和图 4-26 可知，相比于已有的预测模型，本书建立的计算模型能够更好地预测循环荷载作用下煤矸石路基填料的累积变形，其相关性系数均在 0.9 以上，预测模型能够很好地描述累积变形试验数据。

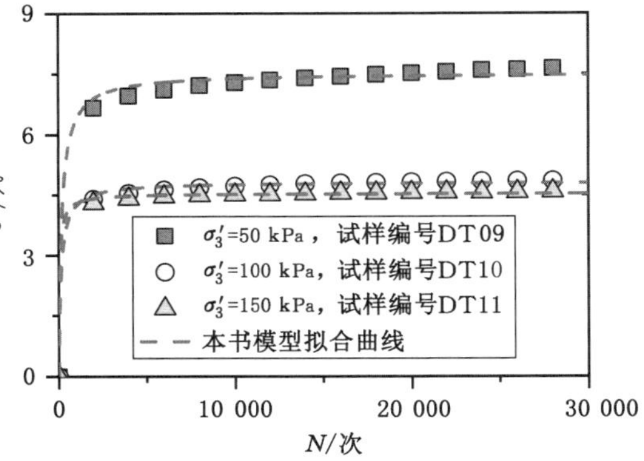

（a）不同围压条件下模型拟合曲线与试验数据对比图

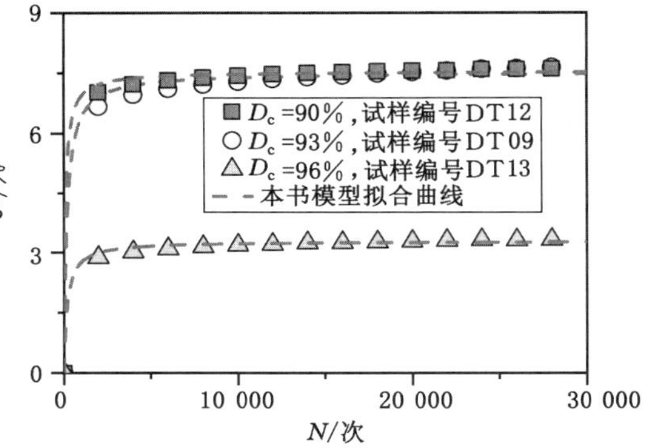

（b）不同压实度条件下模型拟合曲线与试验数据对比图

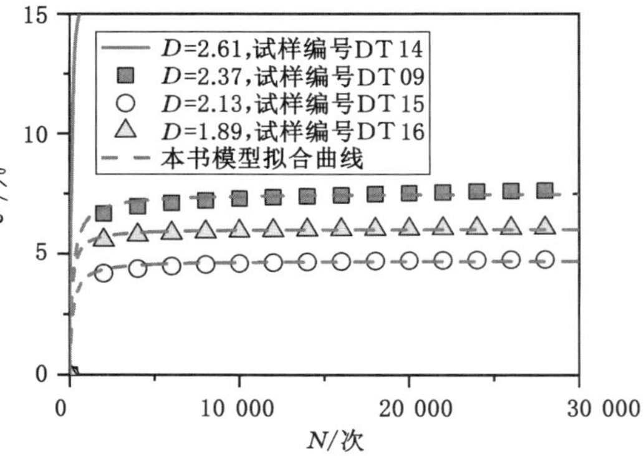

（c）不同级配条件下模型拟合曲线与试验数据对比图

图 4-26　本书预测模型曲线与试验曲线对比图

表 4-4　模型拟合参数

试样编号	DT09	DT10	DT11	DT12	DT13	DT14	DT15	DT16
p	7.517 9	4.817 5	4.537 1	7.538 1	3.277 4	16.734 1	4.717 1	6.039 0
q	178.550 3	135.584 4	55.5003	87.879 7	193.577 7	84.860 1	172.049 0	111.689 3
R^2	0.916 5	0.939 1	0.903 1	0.927 9	0.910 4	0.967 5	0.903 4	0.915 2

上述累积变形预测模型主要是针对多个试样分别加载条件下建立的。下面将在上述模型的基础上进一步建立单个试样分别加载条件下煤矸石试样的累积变形预测模型。

结合图 4-23 中每级荷载条件下不同循环应力比的曲线变化规律，在式(4-45)预测模型的基础上，构造考虑每级荷载累积变形和循环荷载振动次数的累积变形预测模型。具体公式如下：

$$\varepsilon^{p}-\varepsilon_{i-1}^{p}=\frac{p[N-(i-1)\times10^{4}]}{q+[N-(i-1)\times10^{4}]} \tag{4-47}$$

式中：i 为分级加载的第 i 级；ε_{i-1}^{p} 为第 $(i-1)$ 级循环荷载条件下的轴向累积应变，其中 $\varepsilon_{1-1}^{p}=0$。

图 4-24 给出了分级加载条件下轴向累积应变与循环应力比的关系曲线。通过对轴向累积应变(ε^{p})与循环应力比(CSR)进行回归分析可知，轴向累积应变与循环应力比的变化规律可以采用多项式函数进行拟合，则：

$$\varepsilon_{i}^{p}=a_{d}\mathrm{CSR}_{i}^{2}+b_{d}\mathrm{CSR}_{i}+c_{d} \tag{4-48}$$

式中：ε_{i}^{p} 表示第 i 级循环荷载条件下的轴向累积应变；CSR_i 表示第 i 级循环荷载条件下的循环应力比；a_d，b_d，c_d 均为拟合参数。

通过式(4-48)回归分析得到的拟合参数，见表 4-5。式(4-48)拟合曲线与试验数据的对比图，如图 4-27 所示。由表 4-5 和图 4-27 可知，式(4-48)能够很好地描述轴向累积应变与循环应力比的变化关系。

表 4-5　回归分析得到的拟合参数

拟合参数	$\sigma_3'=50$ kPa	$\sigma_3'=100$ kPa	$\sigma_3'=150$ kPa	$\sigma_3'=200$ kPa
a_d	0.234 3	0.147 5	0.266 3	0.239 3
b_d	−0.087 2	1.105 3	1.168 8	1.213 1
c_d	0.288 3	0.330 0	0.100 1	0.007 9
R^2	0.989 4	0.992 1	0.994 5	0.997 5

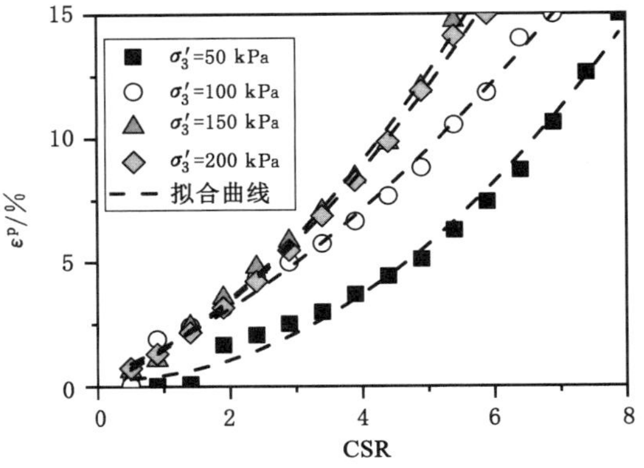

图 4-27　轴向累积应变与循环应力比回归分析

分级加载级数 i 与第 i 级的循环应力比 CSR_i 满足如下关系：

$$i = k_d CSR_i + b_d \tag{4-49}$$

将式(4-48)、式(4-49)代入式(4-47)，可得：

$$\varepsilon^p = \frac{p[N-(k_d CSR_i + b_d - 1)\times 10^4]}{q + [N-(k_d CSR_i + b_d - 1)\times 10^4]} + a_d CSR_{i-1}^2 + b_d CSR_{i-1} + c_d \tag{4-50}$$

图 4-28 所示为分级加载条件下累积变形预测模型的拟合效果。由图 4-28 可知，分级加载条件下累积变形的预测模型能够很好地描述分级加载条件下试样轴向累积应变与循环荷载振动次数的关系曲线，并且试验曲线与预测曲线基本吻合。

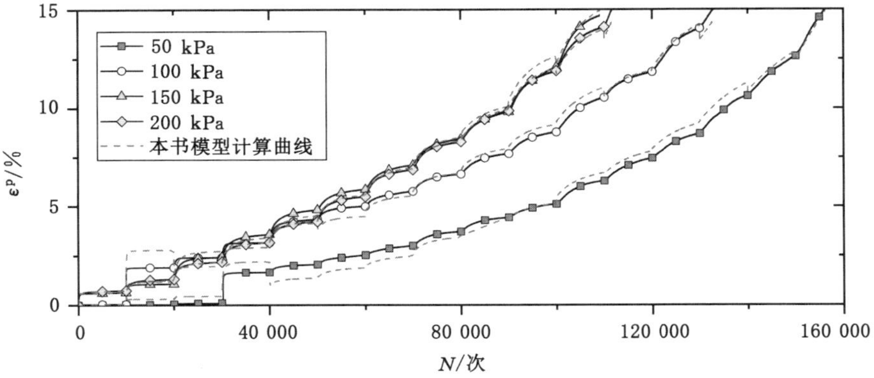

图 4-28　分级加载条件下预测模型曲线与试验曲线的对比图

(3) 模型参数分析

为了分析上述累积变形预测模型参数的物理意义，以编号为 DT10 组试样（σ_3'=100 kPa，D=2.37，D_c=93%）的试验数据为基础，通过改变模型参数值进行分析，如图 4-29 所示（拟合曲线的模型参数 p=4.817 5，q=135.584 4）。由图 4-29 可知，当累积变形预测模型参数 q 恒定不变时，随着 p 值的增大，累积变形曲线趋于稳定之前所需的循环荷载振动次数基本保持不变，而稳定阶段的稳定值随之增大。因此，p 值是反应曲线稳定阶段累积变形大小的物理量，p 值越大，曲线稳定阶段的累积变形就越大。同理，当累积变形预测模型参数 p 恒定不变时，随着 q 值的增大，曲线稳定阶段累积变形大小保持不变，而趋于稳定之前所需的循环荷载振动次数随之增加。因此，参数 q 是反应累积变形曲线趋于稳定阶段之前所需循环荷载振动次数的物理量，q 值越大，累积变形曲线趋于稳定阶段之前所需循环荷载振动次数就越大。

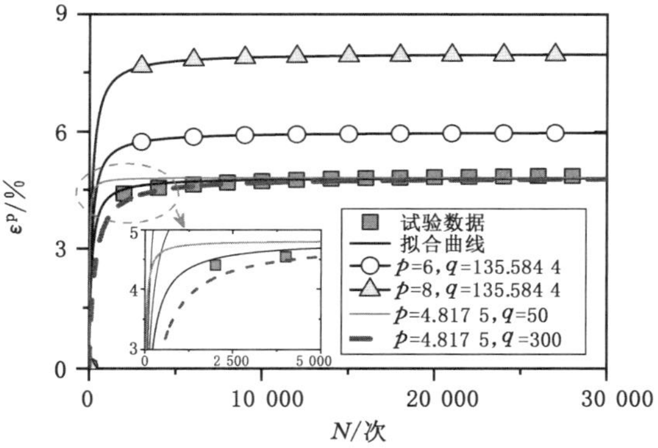

图 4-29 模型参数分析

上述分析中，通过参数值大小的变化研究了模型参数的物理意义。下面将从数学的角度对上述模型参数分析的正确性进一步验证。

对于式(4-45)的累积变形预测模型，当循环荷载振动次数趋于 0 时，有如下关系式：

$$\lim_{N\to 0} \varepsilon^{p} = \lim_{N\to 0} \frac{pN}{q+N} = 0 \tag{4-51}$$

试验加载之前，试样的累积变形为零，模型与实际情况是一致的。当煤矸石试样经历大次数的循环荷载振动时，有如下计算公式：

$$\lim_{N\to \infty} \varepsilon^{p} = \lim_{N\to \infty} \frac{pN}{q+N} = \lim_{N\to \infty} \frac{p}{\frac{q}{N}+1} = p \tag{4-52}$$

由式(4-52)可知，当循环荷载振动次数足够大时，累积变形的最大值为 p。因此，参数 p 是反应曲线稳定阶段累积变形大小的物理量，p 值越大，曲线稳定阶段的累积变形就越大。对于式(4-52)，q 值越小，累积变形趋于稳定时所需的 N 值就越小。因此，参数 q 是反应累积变形曲线趋于稳定阶段之前所需循环荷载振动次数的物理量，q 值越大，累积变形曲线趋于稳定阶段之前所需循环荷载振动次数就越大。由此可见，通过数学角度与试验曲线角度对模型参数的分析是一致的。

(4) 模型验证

为了验证上述累积变形预测模型的正确性，本书选取文献[86]、文献[49]和文献[96]中的试验数据对预测模型的普遍适用性进行验证。图 4-30～图 4-32 分别展示了上述研究中试验数据与本书所建立累积变形预测模型的拟合效果。由图 4-30～图 4-32 可知，本书所建立的累积变形预测模型能对已有研究中的累积变形试验结果进行很好的描述，从而验证了本书模型的正确性。

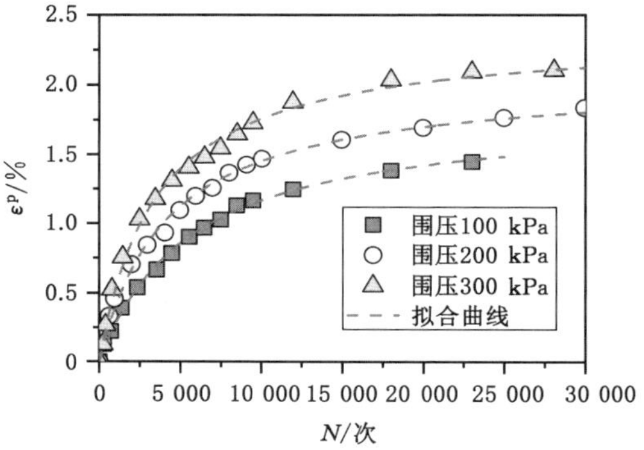

图 4-30　模型验证[86]

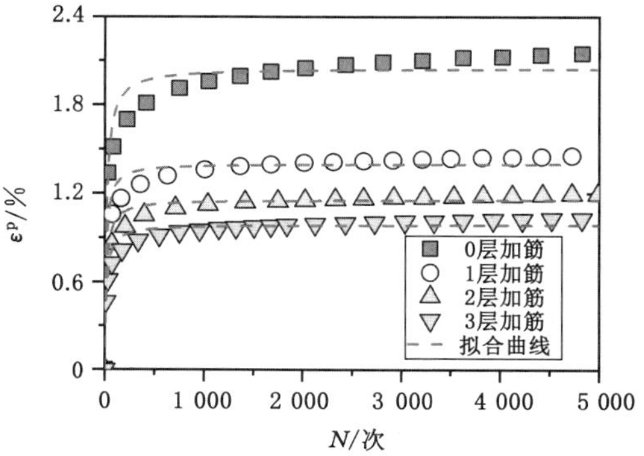

图 4-31　模型验证[49]

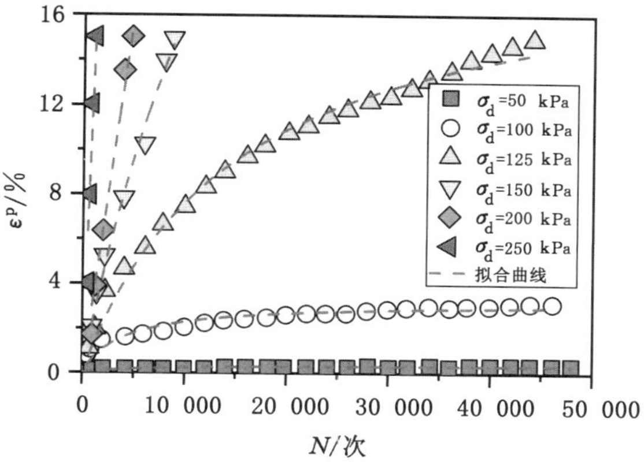

图 4-32 模型验证[96]

4.6 本章小结

本章基于前人研究成果及公路路基的实际受力情况，选取了进行循环荷载作用下煤矸石路基填料大型动三轴试验的各动力参数，开展了一系列室内大型动三轴试验。在此基础上，对循环荷载作用下煤矸石路基填料的动应力-动应变关系（即非线性、滞后性及变形累积性）进行了深入研究。主要结论如下：

(1) 基于已有成果与路基实际环境选取了各动力参数用于大型动三轴试验，对循环荷载作用下煤矸石路基填料的动应力-动应变关系进行了深入研究。煤矸石试样的动应力随着动应变的增大而增大，随着围压的增加，试样破坏时的动应力与动应变均逐渐增大；煤矸石试样的骨干曲线并非呈现出良好的双曲线变化规律，可采用修正后的 Hardin-Drnevich 模型描述试样的骨干曲线，研究了最大动弹模量与围压的关系，并建立了考虑围压效应的煤矸石路基填料骨干曲线计算模型，分析了循环荷载作用下煤矸石试样动弹模量与阻尼比的变化规律。

(2) 循环荷载作用下煤矸石路基填料的滞回圈不光滑，形状呈近似椭圆形；随着动应变与围压的增大，滞回圈的形态特征发生一系列变化，采用滞回圈形态特征指标（滞回圈不闭合程度、滞回圈长轴倾斜程度、滞回圈面积大小及滞回圈饱满程度）对煤矸石路基填料滞回圈的形态特征进行了量化分析。

(3) 研究了循环荷载作用下煤矸石路基填料累积变形的变化规律，累积变形曲线可分为快速增长阶段、减速增长阶段与基本稳定阶段；围压、颗粒级配、压实度与轴向动应力幅值均对试样累积变形存在显著影响；基于大型动三轴试验结果，提出了煤矸石路基填料累积变形预测模型，该模型能够普遍适用于不同类型累积变形曲线（稳定型、破坏型和临界型）结果的预测，结合已有成果验证了模型的正确性与适用性，分析了模型参数的物理意义。

第 5 章 煤矸石路基填料颗粒破碎演化规律

5.1 引言

粗粒料具有承压性高、透水性强、填筑密度大、抗剪强度高、沉陷量小、承载力高、不易液化等良好的工程性质，已在道路工程、基础工程、水利工程、港湾工程等众多领域得到广泛应用[215]。然而，填筑之后粗粒料颗粒间为点接触，即使在外力较小的情况下，依然很容易发生颗粒破碎[103,240]。颗粒破碎导致粗粒料的组构关系发生变化，从而对路基填料的剪胀性、摩擦角、应力应变关系、强度、体积应变及渗透性等产生影响[103,180]，然而，煤矸石路基填料在剪切过程中及交通循环荷载作用下的颗粒破碎演化规律尚不明确。

因此，本章通过室内试验获取煤矸石路基填料静力剪切与循环动荷载试验后煤矸石的颗粒级配，分析煤矸石路基填料颗粒破碎演化规律并建立颗粒破碎演化模型。然后，分析已有的颗粒破碎量化指标，基于所建立的颗粒破碎演化模型推导出颗粒破碎率的计算公式。最后，对不同试验条件下静力剪切与循环动荷载试验后煤矸石路基填料的颗粒破碎进行量化分析。

5.2 煤矸石路基填料颗粒破碎试验方法

将上述第三章与第四章不同条件下试验后煤矸石试样的颗粒仔细收集，尽量减少煤矸石颗粒的损失。将试验后的煤矸石颗粒置于 105～110 ℃的干燥箱内(不少于 24 h)烘干至恒重，然后依据《公路土工试验规程》(JTG 3430—2020)[181]，采用孔径为 60 mm、40 mm、20 mm、10 mm、5 mm、2 mm、0.5 mm 的标准筛对各试样逐个筛分并称量，从而获取试验前后煤矸石颗粒各粒组的粒径分布特征。由于每个试样的颗粒数量巨大，为了较快速的完成每个试样的筛分试验，本书采用自制的大型振动筛分试验台。如图 5-1 所示，该设备的下部为振动台，上部为加大的标准筛，各筛盘尺寸为 ϕ400 mm×150 mm，大型振动筛分试验台中整套筛盘尺寸为 ϕ400 mm×1 050 mm。通过筛分试验获取试验过程中粗粒料颗粒破碎状况的试验方法在现有研究中普遍采用，如 Jia 等[108]、Indraratna 等[241]、Lin 等[242]、Wang 等[231]、Xiao 等[128]、蔡正银等[105]、高玉峰等[106]、刘汉龙等[103]。为了得到制样过程中与固结过程中试样的颗粒破碎情况，设计两组试验，分别在制样完成后（试样编号：PT01）与试样固结完成后（试样编号：CT01）进行颗粒筛分试验。

图 5-1　大型振动筛分试验台

5.3 煤矸石路基填料颗粒破碎演化规律

5.3.1 颗粒破碎演化模型的建立

前文采用分形模型级配方程设计了室内试验所采用的试样级配，为了能够准确描述试验后煤矸石路基填料颗粒破碎的级配状况，本节引入两参数级配方程对试验后破碎煤矸石颗粒的级配曲线进行描述。两参数级配方程中应用较广泛的是基于 MMF 模型提出的级配方程[式(2-9)]，但该式在积分计算中不易求解，不利于下文中破碎指标的计算。因此，本节依据现有研究成果及煤矸石路基填料颗粒破碎试验结果，采用 Logistic 回归模型分析煤矸石路基填料颗粒破碎的演化规律。

Logistic 回归模型常用于二维属性样本的预测分析，其在医学、经济学、心理学、社会学和其他社会科学领域广泛应用，Logistic 回归模型通过一组预测因子预测事件发生（不是不发生）的概率[243]，模型表达式[244]为：

$$\lg\left[\frac{\pi(x)}{1-\pi(x)}\right]=\beta_0+\boldsymbol{XB}=\beta_0+\beta_1x_1+\beta_2x_2+\cdots+\beta_px_p \tag{5-1}$$

式中：$\pi(x)$为给定事件 x（预测因子）发生的预测概率；$\boldsymbol{X}$ 为预测因子的（$1\times p$）向量；$\boldsymbol{B}$ 为系数项的（$p\times1$）向量；β_0 为截距（常数）。

对于大型三轴试验中的煤矸石路基填料颗粒，将从试验前较大的粒径破碎为试验后较小的粒径。为了建立模型的普遍适用性，首先对粒径与百分数进行归一化，将原坐标系中累积百分数[$F_c(d_i)$]与粒径(d_i)的曲线转化为相对坐标系下累积百分比[$P_{c,i}(x_i)$]与相对粒径(x_i)的曲线，则：

$$x_i=\frac{d_i}{d_{\max}}\qquad(0<x_i\leqslant1) \tag{5-2}$$

$$P_i=\frac{M(d_i)}{M}\qquad(0<P_i\leqslant1) \tag{5-3}$$

式中：x_i 为相对粒径；d_i 为颗粒粒径，mm；$d_{\max}$ 为最大粒径，mm，最大粒径为 60 mm；M 为试样总质量，kg；$M(d_i)$为小于粒径 d_i 的颗粒累积质量，kg，可通过筛分试验得到。

童晨曦等[123]、丁建源等[124]认为，颗粒破碎为概率事件。结合试验前后煤矸石试样的颗粒级配曲线，对于给定相对粒径x_i 与煤矸石颗粒发生破碎后小于相对粒径 x_i 的累积百分比 P_i，假设 P_i 与 x_i 满足上述 Logistic 回归模型。

Zhu 等[193]通过对大量工程填料级配的分析，总结出两种典型的级配曲线类型，即双曲线形和 S 形，如图 5-2 所示。下面将以现有成果中研究得到的典型级

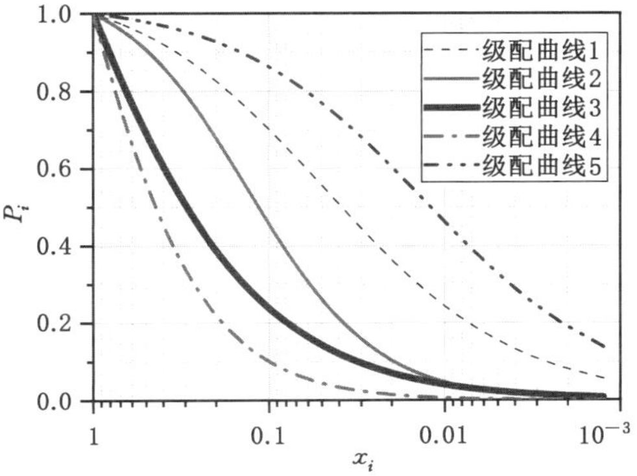

图 5-2 典型级配曲线[193]

配曲线类型为基础，对 P_i 与 x_i 的关系进行分析。采用上述 Logistic 回归模型［式(5-1)］对图 5-2 所示的典型级配曲线进行函数拟合，如图 5-3 所示。表 5-1 给出了拟合分析的结果。由图 5-3 与表 5-1 可知，$\lg[P_i/(1-P_i)]$与 x_i 满足良好的线性关系。

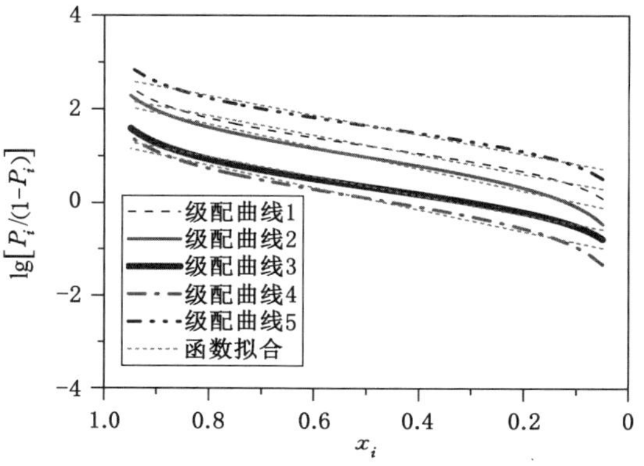

图 5-3 $\lg[P_i/(1-P_i)]$ 与 x_i 的关系分析

表 5-1 典型级配曲线中 $\lg[P_i/(1-P_i)]$与 x_i 的拟合分析

级配曲线	拟合关系式	R^2
1	$\lg[P_i/(1-P_i)]=2.0712x_i+0.2045$	$R^2=0.9830$
2	$\lg[P_i/(1-P_i)]=2.3687x_i-0.2149$	$R^2=0.9815$
3	$\lg[P_i/(1-P_i)]=2.0712x_i-0.6706$	$R^2=0.9830$
4	$\lg[P_i/(1-P_i)]=2.0712x_i+0.6305$	$R^2=0.9830$
5	$\lg[P_i/(1-P_i)]=2.3687x_i-1.0900$	$R^2=0.9815$

基于上述分析，对于试验前后煤矸石试样的颗粒级配，假设 $\lg[P_i/(1-P_i)]$ 与 x_i 也满足线性关系，则式(5-1)可表示为：

$$\lg\left(\frac{P_i}{1-P_i}\right)=\beta_0+\beta_1 x_i \tag{5-4}$$

对式(5-4)求解，可得 P_i 与 x_i 的关系式为：

$$P_i=\frac{1}{1+10^{-(\beta_0+\beta_1 x_i)}} \tag{5-5}$$

式中：β_0，β_1 均为模型参数。

式(5-5)为所建立的煤矸石路基填料颗粒破碎演化模型。

5.3.2 模型参数提取

基于大型三轴试验结果，采用最小二乘法对式(5-5)的模型参数进行求解。最小二乘法的核心概念是令误差的平方和(δ)最小[245]，则：

$$\delta=\sum_{i=1}^{n}[y_i-P_i]^2 \tag{5-6}$$

那么

$$\delta=\sum_{i=1}^{n}\left[y_i-\frac{1}{1+10^{-(\beta_0+\beta_1 x_i)}}\right]^2 \tag{5-7}$$

式中：y_i 为试验数据；δ 为误差平方和。

要得到式(5-7)的最小值，首要任务是令参数的一阶导数为 0：

$$\begin{cases}\dfrac{\partial\delta}{\partial\beta_0}=0\\[2ex]\dfrac{\partial\delta}{\partial\beta_1}=0\end{cases} \tag{5-8}$$

式(5-8)的解为参数 β_0 与 β_1 的目标值。

基于式(5-5)至式(5-8)，采用 MATLAB 编程求解模型参数 β_0 与 β_1 的值，不同试验条件下模型参数值见表 5-2。图 5-4～图 5-10 所示为不同试验条件下煤矸石颗粒破碎试验数据与模拟拟合的对比分析。由表 5-2、图 5-4～图 5-10 可知，采用模型拟合得到的相关系数 R^2 均大于 0.958 5，且试验数据与模型拟合曲线非常接近。因此，本书基于 Logistic 回归模型建立的演化模型能够很好地描述煤矸石颗粒破碎级配曲线的演化情况，从而验证了上述 P_i 与 x_i 满足 Logistic 回归模型线性关系假设的正确性。

表 5-2　模型参数 β_0 与 β_1 取值

试样编号	试验条件	β_0	β_1	R^2
PT01	$D=2.37$，$D_c=93\%$(制样后)	−0.741 0	2.198 5	0.973 8
CT01	$D=2.37$，$\sigma_3=100$ kPa，$D_c=93\%$(固结后)	−0.718 9	2.166 0	0.974 7
ST01	$D=1.89$，$\sigma_3=100$ kPa，$D_c=93\%$	−0.961 9	2.227 7	0.981 4
ST02	$D=1.89$，$\sigma_3=200$ kPa，$D_c=93\%$	−0.897 1	2.195 8	0.980 6
ST03	$D=1.89$，$\sigma_3=300$ kPa，$D_c=93\%$	−0.733 3	2.111 7	0.976 2
ST04	$D=2.13$，$\sigma_3=100$ kPa，$D_c=93\%$	−0.825 5	2.186 3	0.960 7
ST05	$D=2.13$，$\sigma_3=200$ kPa，$D_c=93\%$	−0.802 1	2.231 7	0.958 5
ST06	$D=2.13$，$\sigma_3=300$ kPa，$D_c=93\%$	−0.772 1	2.405 2	0.958 6

表 5-2(续)

试样编号	试验条件	β_0	β_1	R^2
ST07	$D=2.37,\sigma_3=100$ kPa, $D_c=93\%$	−0.684 7	2.161 9	0.969 8
ST08	$D=2.37,\sigma_3=200$ kPa, $D_c=93\%$	−0.644 4	2.164 5	0.965 5
ST09	$D=2.37,\sigma_3=300$ kPa, $D_c=93\%$	−0.603 8	2.201 3	0.960 2
ST10	$D=2.61,\sigma_3=100$ kPa, $D_c=93\%$	−0.539 5	2.386 3	0.960 7
ST11	$D=2.61,\sigma_3=200$ kPa, $D_c=93\%$	−0.541 4	2.434 4	0.958 5
ST12	$D=2.61,\sigma_3=300$ kPa, $D_c=93\%$	−0.534 9	2.464 1	0.958 6
ST13	$D=2.37,\sigma_3=100$ kPa, $D_c=90\%$	−0.698 7	2.174 5	0.970 4
ST14	$D=2.37,\sigma_3=200$ kPa, $D_c=90\%$	−0.664 6	2.182 6	0.967 8
ST15	$D=2.37,\sigma_3=300$ kPa, $D_c=90\%$	−0.624 6	2.211 4	0.963 6
ST16	$D=2.37,\sigma_3=100$ kPa, $D_c=96\%$	−0.666 6	2.148 5	0.968 3
ST17	$D=2.37,\sigma_3=200$ kPa, $D_c=96\%$	−0.624 1	2.151 0	0.965 3
ST18	$D=2.37,\sigma_3=300$ kPa, $D_c=96\%$	−0.586 2	2.219 5	0.962 3
DT01	$D=2.37,\sigma_3=50$ kPa, $D_c=93\%$	−0.823 9	2.548 6	0.974 2
DT02	$D=2.37,\sigma_3=100$ kPa, $D_c=93\%$	−0.828 3	2.625 5	0.977 5
DT03	$D=2.37,\sigma_3=150$ kPa, $D_c=93\%$	−0.769 7	2.540 9	0.978 9
DT04	$D=2.37,\sigma_3=200$ kPa, $D_c=93\%$	−0.812 8	2.672 9	0.979 7
DT05	$D=2.37,\sigma_3=50$ kPa, $D_c=93\%$	−0.896 4	2.701 8	0.979 6
DT06	$D=2.37,\sigma_3=100$ kPa, $D_c=93\%$	−0.932 7	2.879 9	0.979 6
DT07	$D=2.37,\sigma_3=150$ kPa, $D_c=93\%$	−0.858 1	2.666 5	0.977 6
DT08	$D=2.37,\sigma_3=200$ kPa, $D_c=93\%$	−0.871 3	2.705 6	0.976 1

5.3.3 模型参数分析

由表 5-2、图 5-4～图 5-12 可知，模型参数(即 β_0 与 β_1)的变化对应着试验过程中煤矸石试样颗粒级配的变化。为了进一步分析模型参数的意义，对式(5-5)分别求一阶导数和二阶导数[124]：

$$\frac{\mathrm{d}P_i}{\mathrm{d}x_i}=\frac{\beta_1\ln 10\cdot 10^{-(\beta_0+\beta_1 x_i)}}{[1+10^{-(\beta_0+\beta_1 x_i)}]^2}=P_i(1-P_i)\beta_1\ln 10 \tag{5-9}$$

$$\begin{aligned}\frac{\mathrm{d}^2P_i}{\mathrm{d}x_i^2}&=\frac{2\beta_1^2\ln^2 10\cdot 10^{-(\beta_0+\beta_1 x_i)}}{[1+10^{-(\beta_0+\beta_1 x_i)}]^3}+\frac{\beta_1^2\ln^2 10\cdot 10^{-(\beta_0+\beta_1 x_i)}}{[1+10^{-(\beta_0+\beta_1 x_i)}]^2}\\&=P_i(1-P_i)(1-2P_i)\beta_1^2\ln^2 10\end{aligned} \tag{5-10}$$

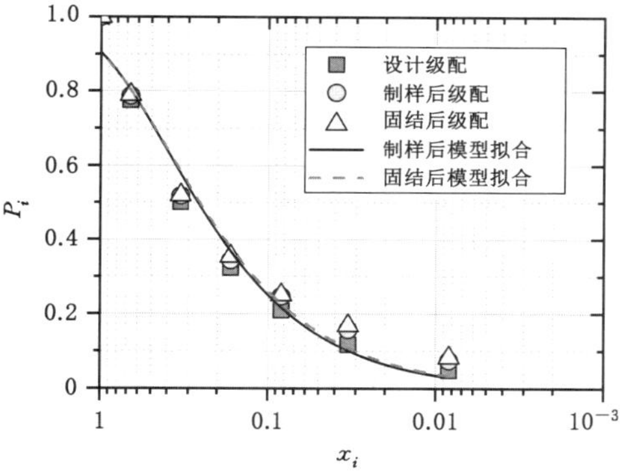

图5-4 制样与固结后颗粒破碎演化曲线

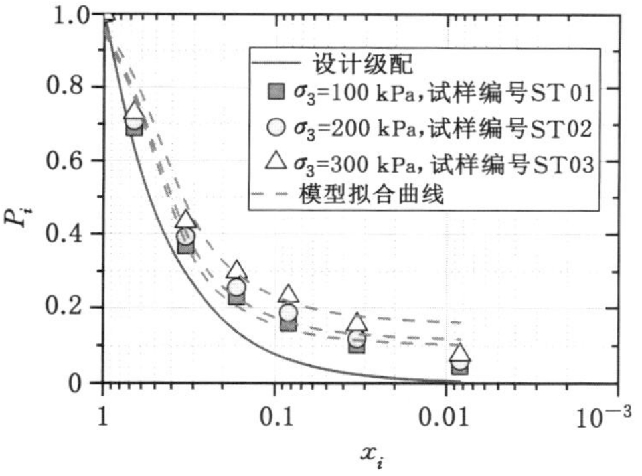

图5-5 $D=1.89$ 且 $D_c=93\%$ 颗粒破碎演化曲线

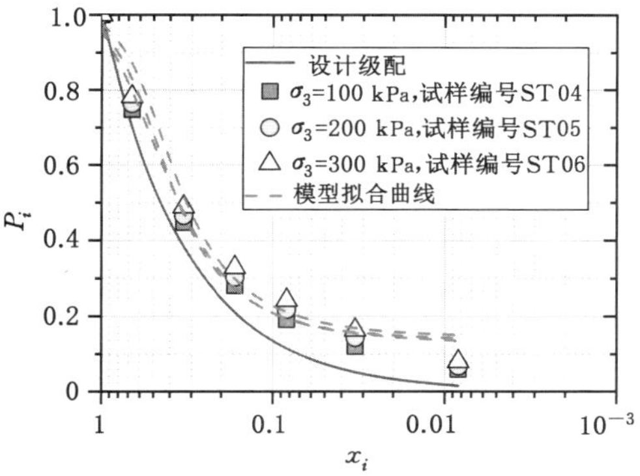

图5-6 $D=2.13$ 且 $D_c=93\%$ 颗粒破碎演化曲线

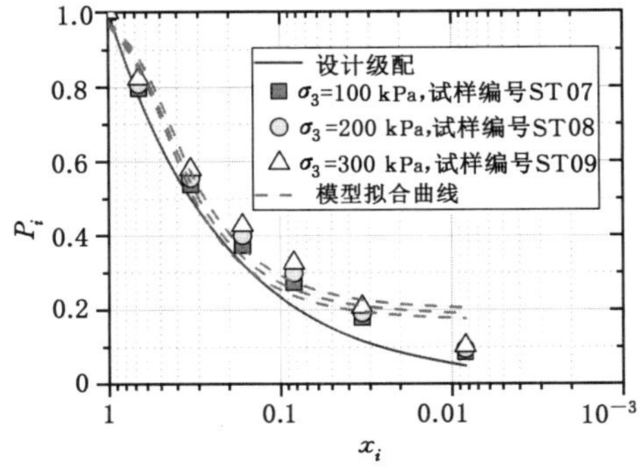

图 5-7　$D=2.37$ 且 $D_c=93\%$ 颗粒破碎演化曲线

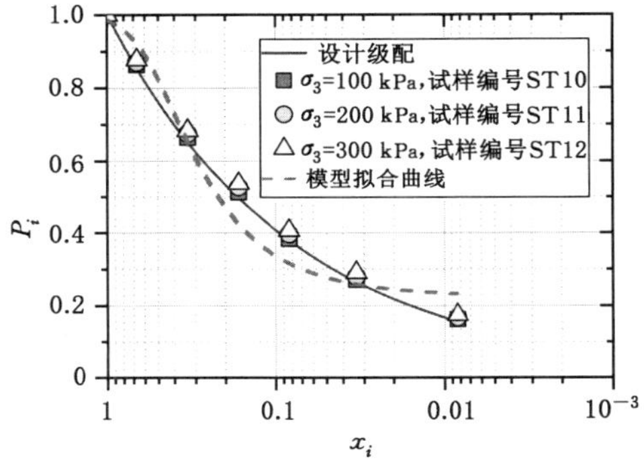

图 5-8　$D=2.61$ 且 $D_c=93\%$ 颗粒破碎演化曲线

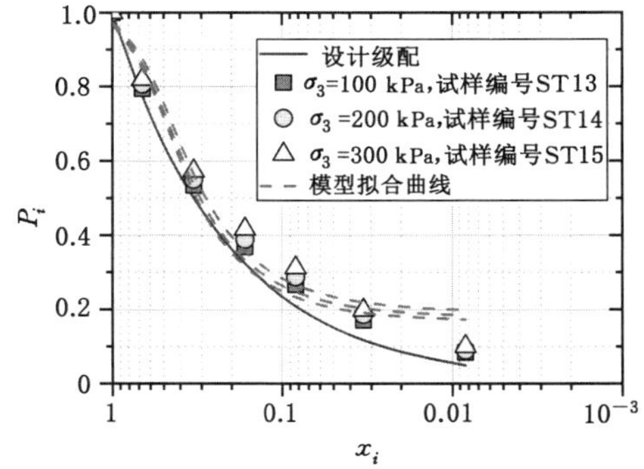

图 5-9　$D_c=90\%$ 且 $D=2.37$ 颗粒破碎演化曲线

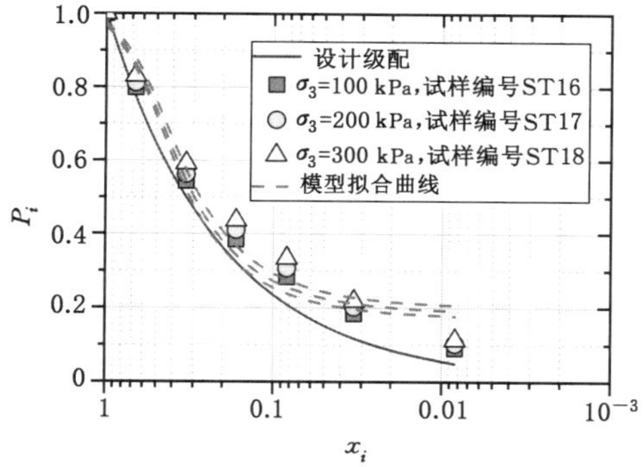

图 5-10　D_c＝96％且 D＝2.37 颗粒破碎演化曲线

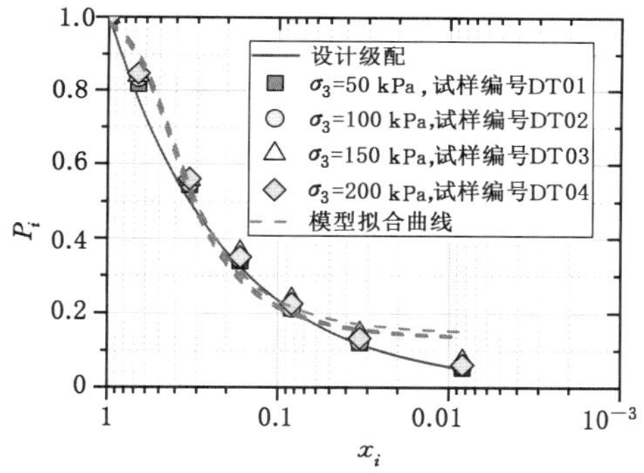

图 5-11　每级荷载循环加载 10 次试样颗粒破碎演化曲线（D＝2.37 且 D_c＝93％）

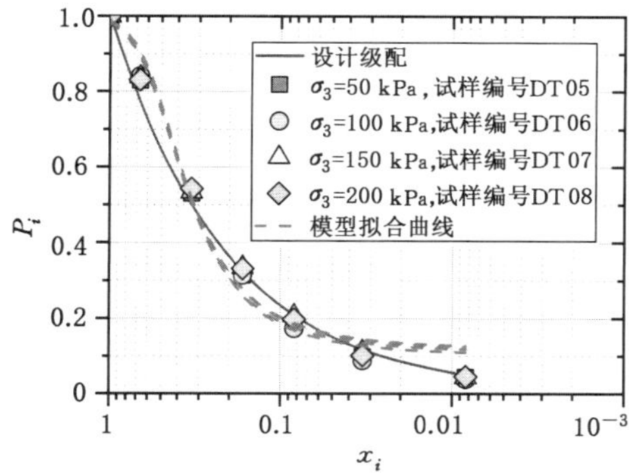

图 5-12　每级荷载循环加载 10 000 次试样颗粒破碎演化曲线（D＝2.37 且 D_c＝93％）

令模型[式(5-10)]的二阶导数等于零，可得：当 $P_i=0.5$ 时，模型曲线的斜率最大。然后，将 $P_i=0.5$ 代入式(5-9)，得到曲线的最大斜率为：

$$k_{\max}=\frac{1}{4}\beta_1\ln 10 \tag{5-11}$$

式中：$k_{\max}$ 为模型曲线的最大斜率。

求解式(5-11)可得：

$$\beta_1=\frac{4k_{\max}}{\ln 10} \tag{5-12}$$

由式(5-12)可知，β_1 值反映了模型曲线的最大斜率(图 5-13)。

令 x_i 趋近于 0，则式(5-5)可表述为：

$$\lim_{x_i\to 0} P_i=\frac{1}{1+10^{-\beta_0}}=P_0 \tag{5-13}$$

式中：P_0 为模型曲线的截距(图 5-13)。

求解式(5-13)可得：

$$\beta_0=\lg\frac{P_0}{1-P_0} \tag{5-14}$$

由(5-14)可知，β_0 体现了模型曲线的截距。图 5-13 展示了模型参数数学意义的分析。

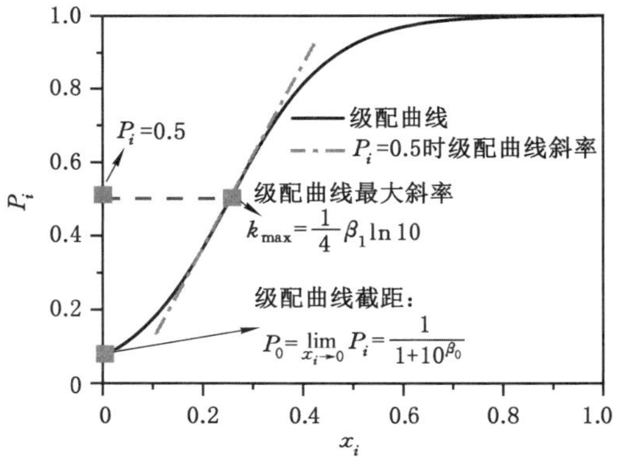

图 5-13　模型参数 β_0 与 β_1 的数学意义分析

由上述分析可知：β_0 为反应曲线截距的参数，进一步表示了试样级配中粒径最小粒组颗粒的含量；β_1 为体现模型曲线最大斜率的参数，即试样在最大斜率处对应粒组颗粒的含量最大。

基于模型参数的计算结果与上述模型参数数学意义的分析可知，模型参数(β_0 与 β_1)的变化对应着试验过程中煤矸石试样颗粒级配的变化，从而体现出试验中试样颗粒的破碎过程。因此，煤矸石试样颗粒破碎的演化可以通过基于

Logistic 回归模型所建立的演化模型进行很好的描述，试验结果与模型拟合曲线非常一致，且模型参数的数学意义与物理意义均非常明确。

5.3.4　模型验证与对比分析

为了验证 5.3.1 节煤矸石路基填料颗粒破碎演化模型的正确性，本节选取堆石料在大型三轴试验中颗粒破碎的试验数据进行验证[106,108]，采用 5.3.2 节模型参数求解方法获取的参数值见表 5-3 和表 5-4。由表 5-3 和表 5-4 可知，相关性系数分布在 0.971 2～0.999 2 与 0.972 8～0.983 4。由此可见，建立的颗粒破碎演化模型能够准确描述粗粒料颗粒破碎的演化规律。

表 5-3　模型参数值[106]

试样编号	围压/kPa	β_0	β_1	R^2
主堆石	制样前	−0.745 6	2.409 2	0.991 6
m1	300	−0.645 6	2.349 6	0.993 0
	600	−0.697 3	2.895 5	0.998 3
	1 200	−0.712 8	2.612 0	0.992 8
m2	300	−0.780 1	2.484 9	0.995 3
	600	−0.628 7	2.422 8	0.997 1
	1 200	−0.653 7	2.595 8	0.997 5
次堆石	制样前	−0.856 1	2.436 1	0.993 9
s1	300	−0.679 3	2.409 9	0.983 3
	600	−0.662 3	2.463 4	0.983 1
	1 200	−0.556 7	2.361 8	0.971 2
s2	300	−0.726 1	2.335 9	0.995 0
	600	−0.672 2	2.421 5	0.992 6
	1 200	−0.608 0	2.832 9	0.999 2

表 5-4　模型参数值[108]

试样	应变	β_0	β_1	R^2
制样后		−1.169 4	0.367 3	0.977 0
σ_3=100 kPa	0.58	−1.172 7	0.373 5	0.974 4
	4.41	−1.174 6	0.363 8	0.978 6
	8.57	−1.148 2	0.366 0	0.976 7
	11.12	−1.144 9	0.388 5	0.974 8
	18.46	−1.150 8	0.375 1	0.976 7

表 5-4(续)

试样	应变	β_0	β_1	R^2
σ_3=500 kPa	1.87	−1.155 2	0.360 0	0.976 6
	4.56	−1.172 2	0.401 5	0.978 4
	8.44	−1.147 1	0.425 0	0.977 5
	12.49	−1.130 2	0.420 9	0.975 0
	16.01	−1.176 7	0.392 0	0.983 4
σ_3=1 000 kPa	1.75	−1.154 1	0.399 5	0.973 4
	4.60	−1.153 1	0.424 8	0.976 5
	7.20	−1.132 4	0.439 4	0.977 1
	10.66	−1.174 5	0.403 8	0.982 7
	15.19	−1.088 7	0.444 2	0.976 6
σ_3=1 500 kPa	1.90	−1.145 6	0.387 1	0.975 2
	7.34	−1.107 0	0.469 0	0.974 4
	9.31	−1.094 3	0.448 6	0.975 5
	12.47	−1.089 5	0.475 5	0.974 7
	14.35	−1.071 5	0.465 1	0.976 3
σ_3=2 000 kPa	1.85	−1.153 5	0.375 5	0.978 1
	4.55	−1.103 7	0.423 5	0.973 9
	7.26	−1.091 3	0.451 6	0.974 2
	10.75	−1.067 8	0.458 6	0.975 3
	13.76	−1.027 8	0.458 2	0.972 8

为了说明所建立模型的优越性，本节选取已有的两参数级配方程进行对比分析。两参数级配方程中应用较广泛的是基于 MMF 模型提出的级配方程[式(2-9)]，如 Wu 等[198-199]、Zhu 等[193]、郭万里等[192]均对该模型的应用进行了深入研究。因此，本节选取基于 MMF 模型提出的级配方程[式(2-9)]与 5.3.1 节建立的模型进行对比分析。此处依然采用表 5-3 和表 5-4 以及试验中颗粒破碎的试验数据进行验证，采用式(2-9)求得的模型参数值分别见表 5-5～表 5-7。由表 5-5～表 5-7 可知，通过式(2-9)计算得到的相关系数分别分布在 0.772 1～0.881 5、0.916 0～0.955 8、0.869 9～0.933 4 范围内。图 5-14 所示为通过两模型计算得到相关系数的对比。由于不同研究中试样的编号有所不同，为了绘图中便于清楚展示两模型相关系数的对比，图中横坐标采用整数进行表示，其依次对应于上述各表中不同条件下试样的相关系数。由表 5-3～表 5-7 及图 5-14

可知，通过建立颗粒破碎演化模型得到的相关系数均优于已有研究中的模型，故建立的颗粒破碎演化模型能够准确描述粗粒料颗粒破碎的演化规律，且其对颗粒破碎演化的描述优于已有成果中的模型。

表 5-5 模型参数值[108]

试样编号	围压/kPa	k	λ	R^2
主堆石	制样前	1.003 8	1.008 1	0.828 0
m1	300	1.004 2	0.962 0	0.828 8
	600	1.001 8	1.104 3	0.868 4
	1 200	1.004 0	0.967 3	0.772 1
m2	300	1.004 2	0.991 7	0.808 4
	600	1.004 4	0.944 2	0.818 4
	1 200	1.003 1	1.006 6	0.840 4
次堆石	制样前	1.005 0	0.995 4	0.787 8
s1	300	1.002 9	1.040 5	0.864 0
	600	1.002 9	1.034 7	0.864 8
	1 200	1.003 9	0.948 2	0.858 5
s2	300	1.002 2	1.108 3	0.864 5
	600	1.002 0	1.108 0	0.881 5
	1 200	1.004 1	0.923 2	0.804 1

表 5-6 模型参数值[108]

试样	应变	k	λ	R^2
制样后		1.005 2	0.083 8	0.918 8
$\sigma_3=100$ kPa	0.58	1.005 5	0.116 7	0.918 4
	4.41	1.005 4	0.111 7	0.916 0
	8.57	1.005 2	0.079 3	0.921 2
	11.12	1.005 4	0.100 0	0.923 1
	18.46	1.005 4	0.109 2	0.919 6
$\sigma_3=500$ kPa	1.87	1.004 8	0.040 9	0.923 0
	4.56	1.003 6	0.037 3	0.932 7
	8.44	1.002 4	0.035 3	0.947 4
	12.49	1.005 3	0.090 4	0.925 9
	16.01	1.004 2	0.040 3	0.923 7

表 5-6(续)

试样	应变	k	λ	R^2
$\sigma_3=1\ 000$ kPa	1.75	1.002 6	0.035 9	0.944 6
	4.60	1.002 4	0.035 6	0.945 8
	7.20	1.002 3	0.034 6	0.947 7
	10.66	1.003 9	0.043 2	0.929 5
	15.19	1.004 5	0.035 6	0.936 7
$\sigma_3=1\ 500$ kPa	1.90	1.005 4	0.099 8	0.922 1
	7.34	1.002 2	0.032 3	0.953 7
	9.31	1.004 9	0.035 6	0.934 3
	12.47	1.005 3	0.081 2	0.934 7
	14.35	1.005 1	0.059 9	0.935 7
$\sigma_3=2\ 000$ kPa	1.85	1.002 4	0.038 4	0.942 2
	4.55	1.004 3	0.033 8	0.935 4
	7.26	1.004 5	0.036 4	0.938 0
	10.75	1.004 5	0.035 0	0.937 5
	13.76	1.002 1	0.029 9	0.955 8

表 5-7 本书试验结果求得模型参数值

试样编号	试验条件	k	λ	R^2
PT01	$D=2.37$,$D_c=93\%$(制样后)	1.004 1	0.991 7	0.912 8
CT01	$D=2.37$,$\sigma_3=100$ kPa,$D_c=93\%$(固结后)	1.003 9	0.996 0	0.912 1
ST01	$D=1.89$,$\sigma_3=100$ kPa,$D_c=93\%$	1.003 9	0.987 5	0.917 7
ST02	$D=1.89$,$\sigma_3=200$ kPa,$D_c=93\%$	1.003 8	0.977 8	0.920 6
ST03	$D=1.89$,$\sigma_3=300$ kPa,$D_c=93\%$	1.003 8	0.965 2	0.925 9
ST04	$D=2.13$,$\sigma_3=100$ kPa,$D_c=93\%$	1.003 9	0.985 4	0.917 3
ST05	$D=2.13$,$\sigma_3=200$ kPa,$D_c=93\%$	1.004 2	0.959 9	0.919 3
ST06	$D=2.13$,$\sigma_3=300$ kPa,$D_c=93\%$	1.004 6	0.922 0	0.924 2
ST07	$D=2.37$,$\sigma_3=100$ kPa,$D_c=93\%$	1.003 8	0.980 9	0.918 5
ST08	$D=2.37$,$\sigma_3=200$ kPa,$D_c=93\%$	1.004 5	0.937 7	0.918 4
ST09	$D=2.37$,$\sigma_3=300$ kPa,$D_c=93\%$	1.004 6	0.913 7	0.923 9
ST10	$D=2.61$,$\sigma_3=100$ kPa,$D_c=93\%$	1.004 6	0.870 7	0.931 0
ST11	$D=2.61$,$\sigma_3=200$ kPa,$D_c=93\%$	1.004 5	0.865 8	0.933 3

表 5-7(续)

试样编号	试验条件	k	λ	R^2
ST12	$D=2.61, \sigma_3=300$ kPa, $D_c=93\%$	1.004 4	0.858 2	0.933 4
ST13	$D=2.37, \sigma_3=100$ kPa, $D_c=90\%$	1.004 6	0.870 7	0.931 0
ST14	$D=2.37, \sigma_3=200$ kPa, $D_c=90\%$	1.004 5	0.865 8	0.933 3
ST15	$D=2.37, \sigma_3=300$ kPa, $D_c=90\%$	1.004 4	0.858 2	0.933 4
ST16	$D=2.37, \sigma_3=100$ kPa, $D_c=96\%$	1.003 7	1.092 6	0.870 5
ST17	$D=2.37, \sigma_3=200$ kPa, $D_c=96\%$	1.004 5	1.039 8	0.869 9
ST18	$D=2.37, \sigma_3=300$ kPa, $D_c=96\%$	1.004 5	1.011 3	0.875 9
DT01	$D=2.37, \sigma_3=50$ kPa, $D_c=93\%$	1.004 0	0.982 1	0.919 4
DT02	$D=2.37, \sigma_3=100$ kPa, $D_c=93\%$	1.002 9	1.047 6	0.928 3
DT03	$D=2.37, \sigma_3=150$ kPa, $D_c=93\%$	1.0032	1.0427	0.9266
DT04	$D=2.37, \sigma_3=200$ kPa, $D_c=93\%$	1.003 0	1.054 6	0.930 2
DT05	$D=2.37, \sigma_3=50$ kPa, $D_c=93\%$	1.004 6	0.987 8	0.904 6
DT06	$D=2.37, \sigma_3=100$ kPa, $D_c=93\%$	1.002 3	1.117 1	0.930 9
DT07	$D=2.37, \sigma_3=150$ kPa, $D_c=93\%$	1.004 3	0.993 4	0.913 7
DT08	$D=2.37, \sigma_3=200$ kPa, $D_c=93\%$	1.004 0	0.998 8	0.914 7

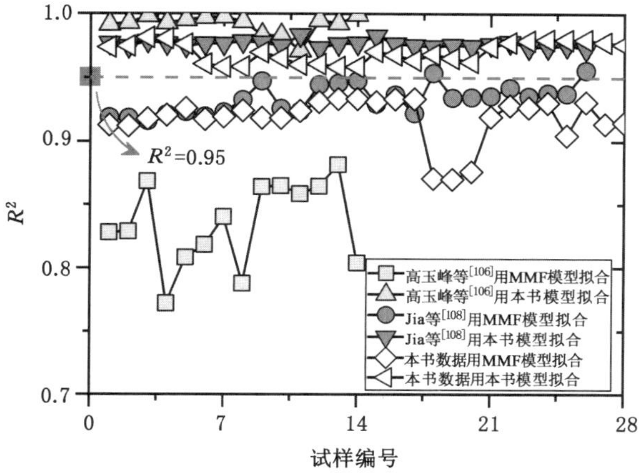

图 5-14 两模型相关系数对比

5.4 基于颗粒破碎演化模型的破碎率新公式

5.4.1 颗粒破碎的量化指标

现有的颗粒破碎量化指标可分为以下 3 种类型。

(1) 采用某指定粒径度量

Lee 等[246]提出的破碎指标为：

$$B_{15}=d_{15i}/d_{15f} \tag{5-15}$$

式中：d_{15} 为级配曲线中小于某粒径累积百分数为 15% 时所对应的粒径，下标"i"与"f"分别代表试验前后试样的级配曲线。

柏树田等[247]采用试验前后限制粒径之差作为颗粒破碎的量化指标，计算公式为：

$$B_{60}=d_{60i}-d_{60f} \tag{5-16}$$

Lade 等[248]提出的破碎指标为：

$$B_{10}=1-d_{10f}/d_{10i} \tag{5-17}$$

Biarez 等[249]提出采用不均匀系数的变化来度量颗粒破碎程度，不均匀系数计算见式(2-16)。

Marsal[107]提出的破碎指标为：

$$B=R/100 \tag{5-18}$$

式中：R 为试验前后级配曲线之间间距的最大值。

(2) 通过各粒组颗粒含量的变化进行度量

Marsal[107,250]提出了颗粒破碎指标 B_g 用来量化颗粒的破碎，计算公式为：

$$B_g=\sum\Delta W_k \tag{5-19}$$

$$\Delta W_k=|\Delta W_{ki}-\Delta W_{kf}| \tag{5-20}$$

式中：ΔW_{ki}，ΔW_{kf} 分别为试验前后试样某粒组颗粒的含量。

(3) 采用级配曲线的变化进行度量

Hardin[251]提出破碎率的概念，用于量化颗粒材料的破碎程度，破碎率的定义为：

$$B_r=\frac{B_t}{B_p} \tag{5-21}$$

式中：B_r 为破碎率；B_t 为破碎量；B_p 为破碎势。

破碎量的定义为：

$$B_t = \int_0^1 (b_{p0} - b_{pl})\,df \tag{5-22}$$

式中：b_{p0} 为试样的初始b_p 值；b_p 为粒径为d_i 颗粒破碎的潜在可能性；b_{pl} 为加载试验后试样的b_p 值；df 为b_p 对应粒径的筛分通过率(以微分形式表示)。

破碎势的定义为：

$$B_p = \int_0^1 b_p\,df \tag{5-23}$$

对于粒径为d_i 的颗粒，其破碎的潜在可能性为：

$$b_p = \begin{cases} \lg\left(\dfrac{d_i}{0.074}\right), d_i \geqslant 0.074\ \text{mm} \\ 0, d_i < 0.074\ \text{mm} \end{cases} \tag{5-24}$$

对于试验前后级配曲线已知的试样，可直接根据级配曲线求解破碎率 B_r。破碎量B_t 等于直线 $d_i = 0.074$ mm 与试验前后试样级配曲线所围成的面积，破碎势B_p 等于直线 $d_i = 0.074$ mm 与直线 $P_i = 100\%$及试样初始级配曲线所围成的面积[251]。

第一类破碎指标对颗粒破碎的描述较为单一，难以对颗粒破碎程度进行准确的描述。第二类和第三类破碎指标能够考虑所有划分粒组颗粒的破碎程度，对颗粒破碎的描述较为准确。第三类破碎指标采用级配曲线进行描述，能够与连续级配方程相联系，从而使其得到了广泛的应用。因此，本书采用第三类破碎指标研究煤矸石颗粒的破碎程度。

5.4.2　基于颗粒破碎演化模型的破碎率新公式推导

Hardin[251]提出的破碎率在粗粒料颗粒破碎研究领域得到了广泛的应用。Einav[252]采用分形模型级配方程改进了破碎率的计算公式，认为颗粒破碎存在极限级配，指出极限级配曲线的分形维数为$D_u = 2.6$，并取消了$d_i = 0.074$ mm 的限制。Einav[252]破碎率计算公式中，破碎量为试验前后级配曲线围成的面积，破碎势为初始级配曲线与极限级配曲线围成的面积，故破碎率的取值范围为 $0 \leqslant B_r \leqslant 1$。对于破碎势的计算，众多学者给出了较多的定义，郭万里等[195]认为 Einav 破碎势的本质为一个同量纲定值，从而将破碎势定义为初始级配曲线下方的面积；Yang 等[253]、Sukkarak 等[133]将极限级配曲线的分形维数取为$D_u = 2.7$。考虑本研究级配设计中分形维数的最大值为 2.61，故本研究取极限级配曲线的分形维数为$D_u = 2.7$。现有的基于连续级配方程的破碎率计算公式均采用分形模型级配方程改进得到[133,253]。分形模型级配方程对于级配设计的适用性已在 2.5.1 节进行了详细的讨论，为了更准确地描述粗粒料试验后颗粒的破碎程度，本节采用 5.3.1 节建立的两参数颗粒破碎演化模型描述试验后颗粒级配的演化情况。相对于单参数级配方程，两参数级配方程对于颗粒级配的描述更为精确，这在已有文献中已得到验证。

根据 5.4.1 节破碎率的定义与计算方法，破碎率的计算公式[式(5-21)]可重新写为：

$$B_r = \frac{B_t}{B_p} = \frac{\int_{d_{min}}^{d_{max}} [F_c(d_i) - F_0(d_i)] dd_i}{\int_{d_{min}}^{d_{max}} [F_u(d_i) - F_0(d_i)] dd_i} \tag{5-25}$$

式中：d_{min} 为最小粒径，mm；$F_0(d_i)$ 为初始试样级配曲线；$F_c(d_i)$ 为试验后发生颗粒破碎试样的级配曲线；$F_u(d_i)$ 为极限级配曲线。

基于 5.3.1 节建立的颗粒破碎演化模型，将试验前后的颗粒级配曲线转化为相对坐标系的级配曲线，则式(5-25)可表述为：

$$B_{r0} = \frac{\int_{x_{i,min}}^{x_{i,max}} [P_{c,i}(x_i) - P_{0,i}(x_i)] dx_i}{\int_{x_{i,min}}^{x_{i,max}} [P_{u,i}(x_i) - P_{0,i}(x_i)] dx_i} \tag{5-26}$$

式中：B_{r0} 为通过模型计算求得的相对破碎率；$P_{0,i}(x_i)$，$P_{c,i}(x_i)$，$P_{u,i}(x_i)$ 分别为相对坐标系下初始状态、破碎后、极限状态级配曲线的表达式。

根据已有的研究成果，取消最小粒径的限制。在实际试验中，破碎后试样的最小粒径也将无限趋近于零。因此，令 $x_{i,min}$ 趋近于零，取极限级配曲线的分形维数为 2.7，将式(2-2)、式(5-5)代入式(5-26)，可得：

$$B_{r0} = \lim_{x_{i,min} \to 0^+} B_{r0} = \frac{\int_{x_{i,min}}^{1} \left[\frac{1}{1 + 10^{-(\beta_0 + \beta_1 x_i)}} - (x_i)^{3-D} \right] dx_i}{\int_{x_{i,min}}^{1} (x_i^{3-2.7} - x_i^{3-D}) dx_i} \tag{5-27}$$

求解式(5-27)，可得：

$$B_{r0} = \frac{52 - 13D}{27 - 10D} \left[1 + \frac{1}{\beta_1 \ln 10} \ln \left(\frac{1 + 10^{-\beta_0 - \beta_1}}{1 + 10^{-\beta_0}} \right) \right] - \frac{13}{27 - 10D} \tag{5-28}$$

式中：D 为试验前试样设计级配的分形维数，取值见 2.5.1 节。

式(5-28)为本节推导的基于颗粒破碎演化模型新的破碎率计算公式。相对破碎率计算示例如图 5-15 所示。

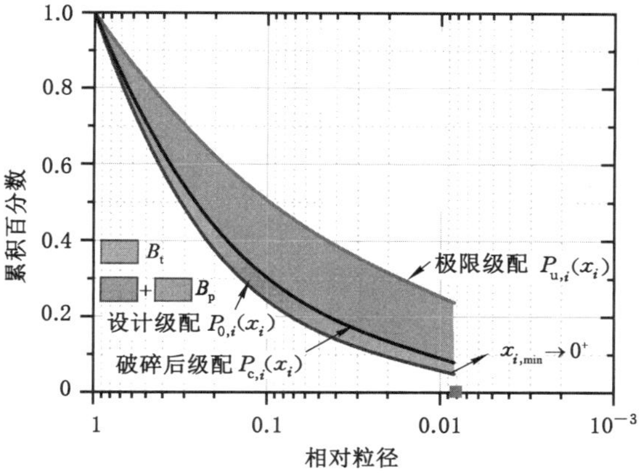

图 5-15　相对破碎率计算示意图

5.5　煤矸石路基填料颗粒破碎的量化分析

5.5.1　静力剪切引起的颗粒破碎分析

（1）人工制样与固结过程引起的颗粒破碎分析

为了分析人工制样与固结试验对煤矸石颗粒破碎的影响，本文在试样级配 $D=2.37$、压实度 $D_c=93\%$ 的条件下研究了人工制样对煤矸石颗粒破碎的影响，并在试样级配 $D=2.37$、压实度 $D_c=93\%$、围压 $\sigma_3=100$ kPa 条件下研究了等压固结过程对煤矸石颗粒破碎的影响。由图 5-4 中制样与固结后颗粒破碎演化曲线可知，人工制样与等压固结过程中均产生了一定的颗粒破碎。图 5-16 所示为制样与固结后破碎颗粒各粒组颗粒含量分析。由图 5-16 可知，人工制样与等压固结过程中大于 5 mm 粒组的粗颗粒含量均有所减少，而小于 5 mm 粒组的细颗粒含量均有所增加，反映出制样过程中人工振捣主要导致粗颗粒发生破碎从而使细颗粒含量增加；制样后与制样前相比各粒组颗粒含量的变化明显强于制样后与固结后颗粒含量的变化，说明人工制样引起的颗粒破碎比等压固结过程显著。进一步采用上述计算方法求得试样的相对破碎率（图 5-17）。由图 5-17 可知，与制样前相比，制样后试样的相对破碎率变化较大，而固结后试样的相对破碎率与制样后相比变化不大。

由上述分析可知，制样过程对试样颗粒破碎的影响较大，制样时人工振捣对煤矸石路基填料颗粒破碎的影响不容忽视；而等压固结过程对试样颗粒破碎的影响较小，相对于制样时产生的破碎，这部分影响可忽略不计。该结论与高玉峰等[106]、Jia 等[108]对堆石料的研究结果较为一致。

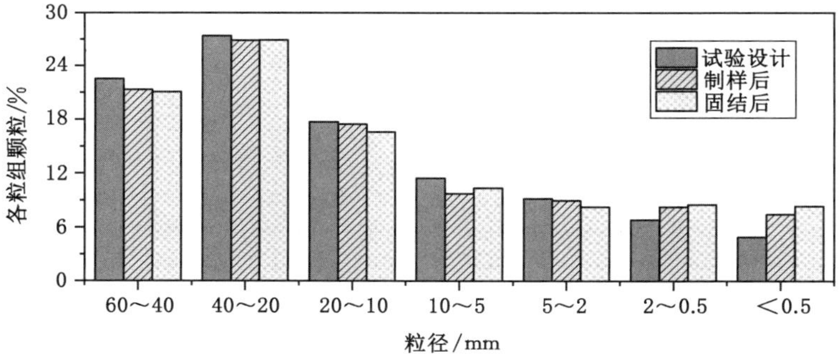

图 5-16　制样与固结后破碎颗粒各粒组颗粒含量分析

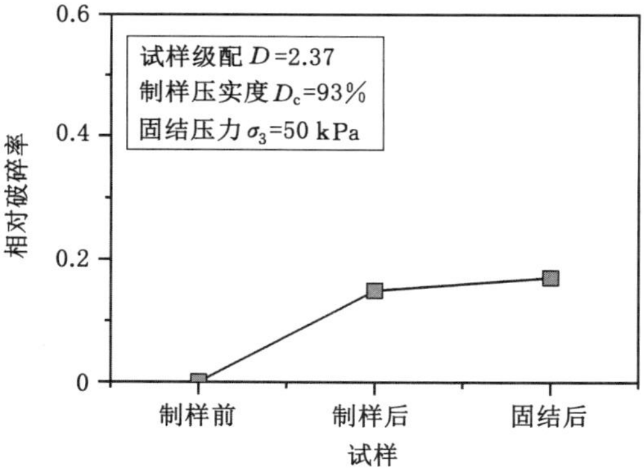

图 5-17　制样与固结后试样相对破碎率

(2) 压实度对煤矸石路基填料颗粒破碎影响的分析

以上分析了人工制样与等压固结过程中煤矸石试样的颗粒破碎情况，得到制样时人工振捣对煤矸石试样颗粒破碎的影响不容忽视，而等压固结过程对试样颗粒破碎的影响可忽略不计。本书所有试验均由本课题组试验人员完成，制样过程中尽可能保持对每个试样施加相同的人工振捣，故可认为人工制样对每个试样颗粒破碎的影响是基本相同的。下面主要分析不同试验条件下煤矸石颗粒的破碎情况，不再单独分析试样加载之前煤矸石颗粒的破碎情况，蔡正银等[105]、高玉峰等[106]也采用了相同的方法分析了堆石料颗粒的破碎情况。依据大型三轴试验结果，采用 5.4.1 节推导的相对破碎率计算方法，求解得到煤矸石试样的相对破碎率。

图 5-18 所示为压实度对煤矸石颗粒破碎影响的分析结果。由图 5-18 可知，压实度对煤矸石颗粒破碎的影响较为显著，且压实度越大，颗粒破碎就越大。试样的压实度越大，颗粒间的接触越紧密，达到相同变形时所需要的荷载就越大（详见 3.3.2 节），所以导致颗粒的破碎程度也将更大。

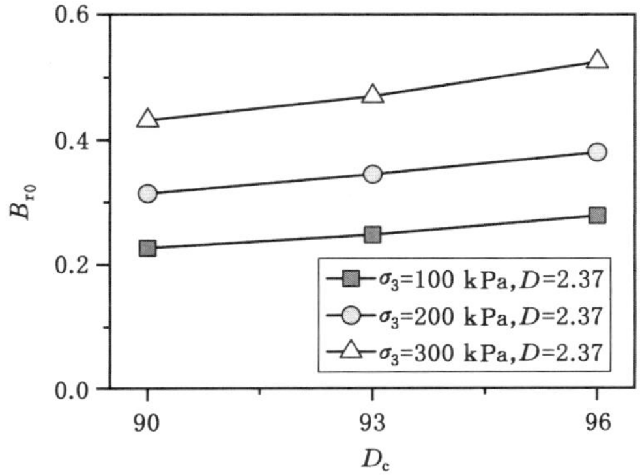

图 5-18　压实度对颗粒破碎的影响分析

图 5-19 展示了不同压实度条件下 9 组试样通过模型计算与作图计算求得的破碎率对比。由图 5-19 可知，通过作图计算求得的破碎率略小于模型计算，但两者较为接近且整体曲线的变化趋势是一致的。因此，可以采用 5.4.2 推导的相对破碎率计算公式对煤矸石颗粒的破碎程度进行量化分析。

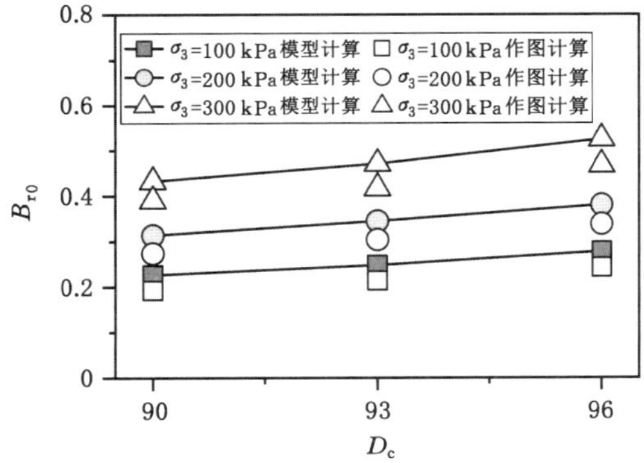

图 5-19　作图计算与模型计算对比

(3) 级配对煤矸石路基填料颗粒破碎影响的分析

图 5-20 所示为不同初始级配对煤矸石颗粒破碎影响的分析结果。由

图 5-20 可知，试样初始级配对煤矸石颗粒破碎的影响较为明显，分形维数越大，试样的相对破碎率越小，即细颗粒含量越多，试样的颗粒破碎得就越小，这与蔡正银等[105]对堆石料的研究结论较为一致。因此，在粗粒料试样的级配设计中适当增加细颗粒含量有助于减轻粗颗粒的破碎程度。

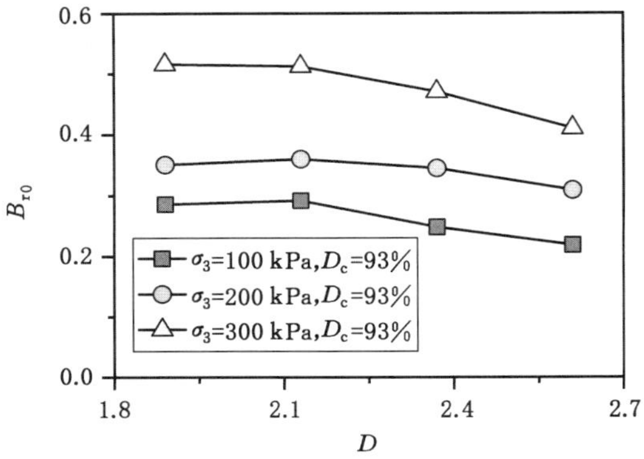

图 5-20　级配对颗粒破碎的影响分析

（4）围压对煤矸石路基填料颗粒破碎影响的分析

图 5-21 展示了不同级配与不同压实度条件下围压对煤矸石颗粒破碎影响的分析结果。由图 5-21 可知，围压对煤矸石试样颗粒破碎的影响较大，围压越大，试样颗粒破碎越大，这与蔡正银等[105]对堆石料的研究结论较为一致。

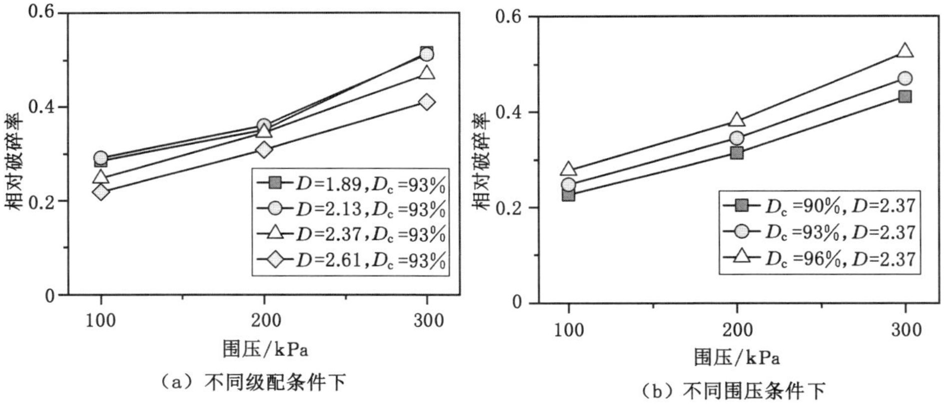

图 5-21　围压对颗粒破碎的影响分析

5.5.2 循环荷载作用引起的颗粒破碎分析

本节仅分析 DT01～DT08 试样的颗粒破碎情况。

图 5-22 所示为循环荷载作用下煤矸石试样的颗粒破碎分析结果。由图 5-22 可知：围压对循环荷载作用下煤矸石颗粒破碎的影响较为明显，围压越大颗粒破碎程度越大，随着围压的增大，相对破碎率的增幅表现出逐渐放缓的趋势；每级荷载循环加载 10 000 次试样的相对破碎率小于每级荷载循环加载 10 次试样，每级荷载循环加载次数越多，颗粒破碎得就越小。

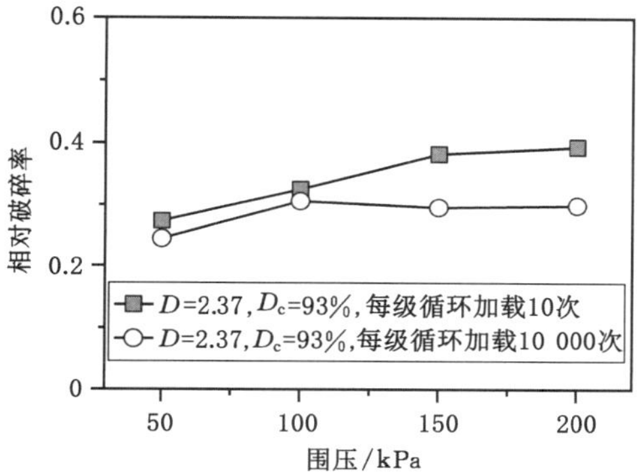

图 5-22 循环荷载作用下试样的颗粒破碎分析

5.6 本章小结

本章通过室内试验获取了煤矸石路基填料静力剪切与循环动荷载试验前后的颗粒级配，分析了煤矸石颗粒级配的演化规律，并建立了颗粒破碎演化模型；对已有的颗粒破碎量化指标进行了对比分析，基于所建立的颗粒破碎演化模型推导了颗粒破碎率的计算公式；采用该公式对不同试验条件下静力剪切与循环动荷载试验后煤矸石路基填料的颗粒破碎进行了量化分析。主要结论如下：

(1) 基于 Logistic 回归模型建立了粗粒料颗粒破碎演化模型，通过煤矸石路基填料大型三轴试验结果与已有研究成果验证了模型的正确性；与已有模型进行对比分析了本书模型的优越性；并分析了模型参数的数学意义与物理意义，β_0 为反映曲线截距的参数，进一步表示了试样级配中粒径最小粒组颗粒的含量，β_1 为体现模型曲线最大斜率的参数，试样在最大斜率处对应粒组颗粒的含量最大。

(2) 概述了现有的三类破碎指标,将第三类破碎指标与建立的颗粒破碎演化模型相结合推导了新的相对破碎率计算公式,将模型计算与作图计算求得的破碎率进行了对比分析。结果表明:通过作图计算求得的破碎率略小于模型计算,但两者较为接近且整体曲线的变化趋势是一致的,故可以采用本书推导的相对破碎率计算公式对煤矸石颗粒的破碎程度进行量化分析。

(3) 分析了制样过程人工振捣与等压固结过程对煤矸石试样颗粒破碎的影响。制样过程对试样颗粒破碎的影响较大,制样时人工振捣对煤矸石路基填料颗粒破碎的影响不容忽视;而等压固结过程对试样颗粒破碎的影响较小,相对于制样时产生的破碎,这部分影响可忽略不计。人工制样与等压固结过程中大于5 mm粒组的粗颗粒含量均有所减少,而小于5 mm粒组的细颗粒含量均有所增加。

(4) 基于大型三轴试验结果与所求得的相对破碎率计算公式分析了压实度、级配、围压对煤矸石试样颗粒破碎的影响。结果表明:压实度、试样初始级配、围压均对煤矸石试样颗粒破碎存在显著影响,压实度越大,颗粒破碎得就越大;分形维数越大,细颗粒含量越多,试样的相对破碎率就越小,故在粗粒料试样的级配设计中适当增加细颗粒含量将有助于减轻粗颗粒的破碎程度;围压对静力剪切与循环荷载作用下煤矸石颗粒破碎的影响均较为明显,围压越大,颗粒破碎程度就越严重;在循环荷载作用下,每级荷载循环加载次数越多,颗粒破碎得就越小。

第 6 章

基于颗粒破碎的煤矸石路基填料宏细观力学特性离散元模拟

6.1 引言

已有研究表明，颗粒材料在压缩过程中与车辆循环荷载作用下，颗粒的主要破坏模式并非为岩块被压碎，而是在颗粒较为薄弱的部位如其尖锐棱角被折断、掉块、粉化，且随着竖向压力的增加，棱角的破碎越发明显[247,254]。

因此，本章基于大型动三轴试验前后煤矸石路基填料的颗粒形状，通过自行研发的二维图像采集平台获取煤矸石颗粒的真实形状，采用颗粒形状指标量化分析试验前后煤矸石颗粒的形状，并通过离散元软件采用真实颗粒形状对颗粒破碎引起棱角圆度变化对煤矸石路基填料宏观与细观力学性质的影响进行研究。

6.2 基于颗粒破碎的煤矸石路基填料颗粒形状获取

6.2.1 颗粒形状的获取

试验前后煤矸石颗粒的破碎模式分析表明，煤矸石颗粒破碎主要包括 3 种类型，即颗粒破裂、棱角折断和表面磨损，这与 Daouadji 等[255]、Wang 等[256]的研究结论是一致的。图 6-1 所示为颗粒破碎三种典型破碎模式示意图。三种破碎模式中颗粒棱角折断与表面磨损发生的比例远大于颗粒破裂，而颗粒棱角折断与表面磨损直接导致颗粒形状发生变化。煤矸石路基填料颗粒破碎导致颗粒级配与颗粒形状发生变化，从而对其力学性质产生影响。试样级配对其力学性质的影响已在前文进行了深入研究，本章主要研究颗粒破碎引起棱角圆度变化对煤矸石路基填料宏观与细观力学性质的影响。

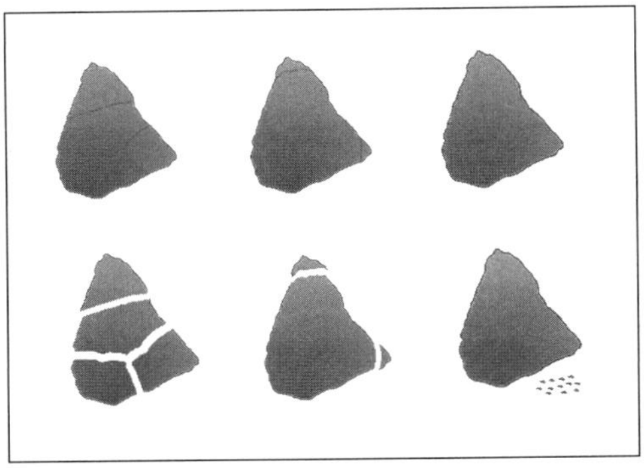

图 6-1　典型颗粒破碎模式

基于上述大型动三轴试验结果，对试验前后煤矸石颗粒形状进行分析。本文采用三台工业相机（工业相机型号为 LBAS-U313-170C）、无影灯摄影棚及计算机搭建颗粒二维图像采集平台（图 6-2），获取煤矸石颗粒的二维图像。煤矸石颗粒二维图像的获取在无影灯摄影棚中开展，摄影棚的顶部及四周均留有拍摄窗口，摄影棚的顶部与侧面均安装有 LED 灯带（亮度可根据实际需要调整），且摄影棚的内壁均安装有白色背景板。采用本书搭建的数字图像采集平台，可以避免自然光不受人为控制以及自然光下煤矸石产生阴影的影响，从而提高了煤矸石图像的质量，同时也便于试验后期对煤矸石图像的提取。

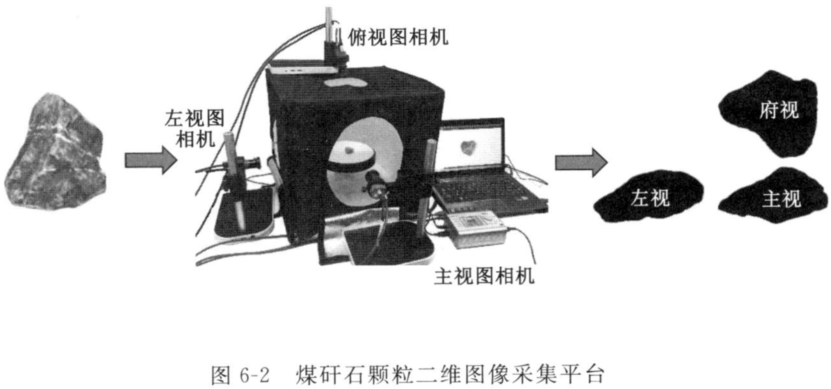

图 6-2　煤矸石颗粒二维图像采集平台

试验中在摄影棚的侧部、前部及顶部的三个正交方向分别安装 1 台工业相机，分别设定侧部、前部及顶部工业相机镜头所指的方向为 x 轴、y 轴与 z 轴（图 6-2）。煤矸石颗粒放置于三台工业相机镜头的交点上，即坐标原点处。煤矸石颗粒图像获取的过程中，使得颗粒的长轴与 x 轴的方向一致，短轴与 z 轴方向一致。为便于煤矸石颗粒尺寸的度量与形状的计算，可在煤矸石颗粒旁边放置一把钢尺。通过三台工业相机获取的煤矸石颗粒图像实时存储于与其连接的计算机之中。此外，Mishra 等[257-259]也选择从三个正交方向提取颗粒材料的二维图像。

6.2.2 颗粒形状的定量分析

考虑煤矸石路基填料在压缩过程中与车辆循环荷载作用下，颗粒的主要破坏模式为尖锐棱角的折断、掉块、粉化，其在外观上表现为颗粒的棱角逐渐变圆滑。因此，本节引入颗粒棱角圆度的概念对试验前后煤矸石颗粒的形状进行量化。Wadell [143]首次提出了二维条件下颗粒棱角圆度的概率，用于定量分析颗粒棱角的尖锐或圆滑程度，将其定义为颗粒各棱角平均曲率半径与颗粒轮廓中最大内切圆的比值。其计算公式为：

$$R_{\mathrm{d}} = \sum_{i=1}^{n_{\mathrm{corner}}} r_i / (n_{\mathrm{corner}} R_{\mathrm{insc}}) \tag{6-1}$$

式中：n_{corner} 为颗粒棱角的数量；r_i 为第 i 个棱角的曲率半径；R_{insc} 为颗粒轮廓中的最大内切圆。

本节在严格遵循式(6-1)定义棱角圆度的基础上，参考 Nie 等[147]的研究成果，通过计算机编程来实现颗粒棱角圆度的求解。

详细计算方法见 Nie 等[147]、王翔[260]的研究成果，求解过程采用了傅里叶变换、距离图（Distance map）算法、重叠离散单元簇（overlapping discrete element clusters）算法等多种计算方法，计算过程如图 6-3 所示，计算过程简述如下。

步骤 1：利用 MATLAB 中广泛使用的图像处理工具箱和坎尼（Canny）算法从煤矸石颗粒二值图像中提取边界像素。

步骤 2：在笛卡尔坐标系下，将边界像素转换为质点轮廓坐标。

步骤 3：基于闭合 B 样条曲线重建算法消除轮廓噪声并保留尖角的尖锐程度。

步骤 4：计算重建轮廓上密集采样随机点的向内法向量。

步骤 5：使用重叠离散单元簇算法（步骤 5-1）得到与所有边界点相切的最大内切圆（步骤 5-2），然后找出其中的最大内切圆（步骤 5-3）。

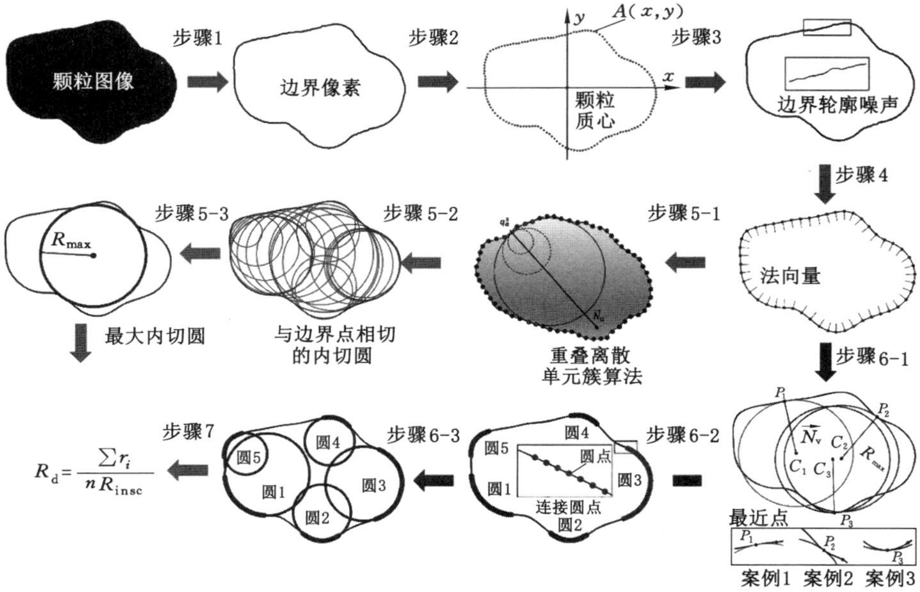

图 6-3 颗粒棱角圆度计算详细步骤示意图[147]

步骤 6：对属于角的点进行鉴定（步骤 6-1 和步骤 6-2），并找到最适合于已识别角的子圆（步骤 6-3）。

步骤 7：根据 Wadell 提出的定义计算颗粒的棱角圆度。

通过上述求解方法获取大型动三轴试验前后的颗粒棱角圆度。试验前部分颗粒棱角圆度计算示例如图 6-4(a)所示。由图 6-4(a)可知，试验前煤矸石颗粒的棱角圆度值在 0.094 8～0.129 6 范围内。图 6-4(b)所示为煤矸石颗粒试验后部分颗粒棱角圆度计算示例。由图 6-4(b)可知，试验后煤矸石颗粒的棱角圆度值在 0.485 4～0.524 3 范围内。

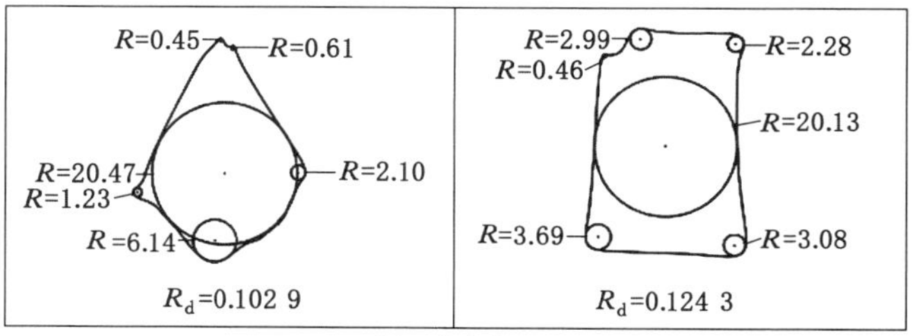

(a) 试验前

图 6-4 颗粒棱角圆度计算结果示例

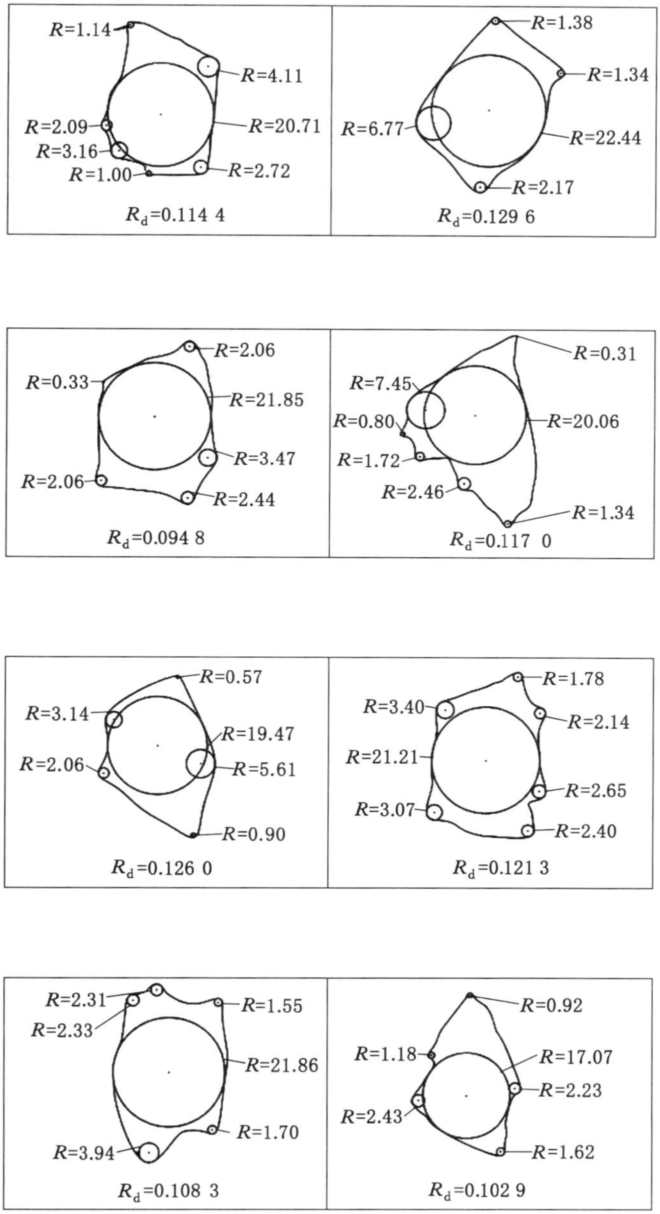
R=1.14
R=4.11
R=2.09
R=20.71
R=3.16
R=1.00
R=2.72
Rd=0.114 4
R=1.38
R=1.34
R=6.77
R=22.44
R=2.17
Rd=0.129 6
R=2.06
R=0.33
R=21.85
R=3.47
R=2.06
R=2.44
Rd=0.094 8
R=0.31
R=7.45
R=20.06
R=0.80
R=1.72
R=2.46
R=1.34
Rd=0.117 0
R=0.57
R=3.14
R=19.47
R=2.06
R=5.61
R=0.90
Rd=0.126 0
R=1.78
R=3.40
R=2.14
R=21.21
R=2.65
R=3.07
R=2.40
Rd=0.121 3
R=2.31
R=1.55
R=2.33
R=21.86
R=1.70
R=3.94
Rd=0.108 3
R=0.92
R=1.18
R=17.07
R=2.23
R=2.43
R=1.62
Rd=0.102 9

（a）试验前

图 6-4 （续）

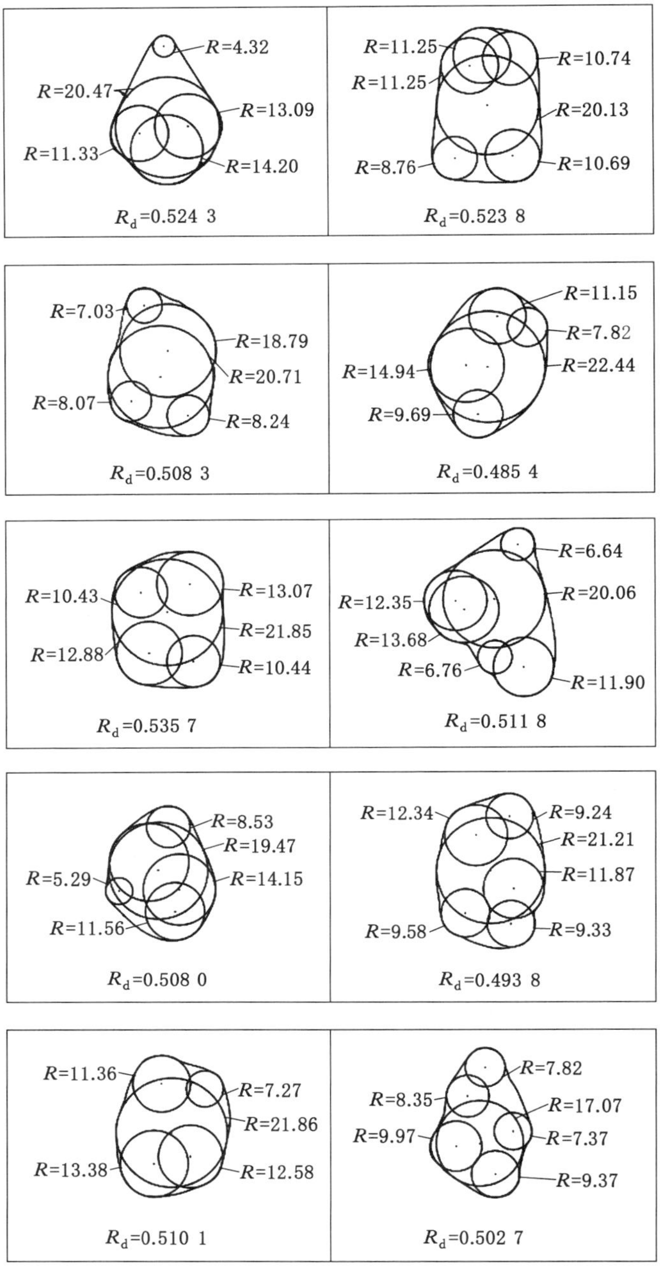
R=4.32
R=20.47
R=13.09
R=11.33
R=14.20
Rd=0.524 3
R=11.25
R=10.74
R=11.25
R=20.13
R=8.76
R=10.69
Rd=0.523 8
R=7.03
R=18.79
R=20.71
R=8.07
R=8.24
Rd=0.508 3
R=11.15
R=7.82
R=14.94
R=22.44
R=9.69
Rd=0.485 4
R=10.43
R=13.07
R=21.85
R=12.88
R=10.44
Rd=0.535 7
R=6.64
R=12.35
R=20.06
R=13.68
R=6.76
R=11.90
Rd=0.511 8
R=8.53
R=19.47
R=5.29
R=14.15
R=11.56
Rd=0.508 0
R=12.34
R=9.24
R=21.21
R=11.87
R=9.58
R=9.33
Rd=0.493 8
R=11.36
R=7.27
R=21.86
R=13.38
R=12.58
Rd=0.510 1
R=7.82
R=8.35
R=17.07
R=9.97
R=7.37
R=9.37
Rd=0.502 7

(b) 试验后

图 6-4 （续）

6.3 离散元 DEM 模型的建立

6.3.1 二维模型的选取

本书离散元数值试验采用美国 ITASCA 国际集团开发的 PFC 5.0[261] 软件。该软件的基本原理是采用离散元法模拟颗粒之间的相互作用，颗粒的运动遵循牛顿第二定律[261-262]。PFC 5.0 中加入了 Clump 模块，可在 PFC 软件中导入.dxf 文件（二维）或.stl 文件（三维）进而构成 Clump 几何边界，之后采用内置的 bubblepack 算法[263]将该几何边界填充形成 Clump 颗粒[262]，采用这种方法可以获得真实的煤矸石颗粒形状并进行离散元模拟。考虑三轴试样中颗粒破碎时形状的变化，本书采用上述 Clump 颗粒的生成方法构建试验前后煤矸石颗粒的真实形状，并将其用于双轴压缩数值试验。

本节采用 PFC 2D 模拟颗粒破碎过程中棱角圆度变化对煤矸石路基填料力学性质的影响，选用二维模型的理由如下：

(1) 为了消除尺寸效应和减少随机性，数值试验的每个试样均采用了 5 000 个颗粒，若要建立满足精度要求的三维模型，则对计算机的性能将有很高的要求，且计算效率将非常低。因此，建立二维离散元模型可以满足计算机性能和计算时间的需求。

(2) 虽然采用二维和三维离散元模拟得到的试验结果有所不同，但是试验的基本变化规律均能通过二维与三维数值试验得以体现，因此，采用二维离散元模拟来揭示颗粒破碎引起棱角圆度发生变化对煤矸石路基填料宏观与细观力学性质影响的普遍规律。

(3) 已有大量的研究表明[264-265]，当考虑颗粒形状的影响时，二维离散元模拟更有利于获取颗粒材料各种复杂的力学特征，且试样的变形破坏模式更容易从二维模型中获取[266]。

6.3.2 试样生成与模型建立

采用广泛使用的 PFC 2D[261] 软件研究颗粒破碎引起棱角圆度发生变化对煤矸石路基填料宏观与细观力学性质的影响。本书数值试验采用线性接触模型[261]用于模拟颗粒-颗粒与颗粒-墙体之间的接触本构关系，该模型已被证明能够重现颗粒材料的一些关键特征[267-269]。将接触力分解为线性分量和阻尼分量，线性分量提供线弹性（无张力）摩擦性能，而阻尼分量提供黏性性能[165,270]，即：

$$F_c = F^l + F^d \tag{6-2}$$

式中：F_c 为接触力；F^l 为线性接触力；F^d 为阻尼力。

线性接触力F^l 与阻尼力F^d 均可分解为法向力和切向力：

$$F^l = -f_n n_c + f_t t_c \tag{6-3}$$

式中：n_c 为法向量；t_c 为切向量；f_t 和f_n 表示切向和法向接触力。

法向接触力f_n 和切向接触力f_t 定义为：

$$f_n = k_n u \tag{6-4}$$

$$f_t = (f_t)_0 - k_t \Delta\delta_s \tag{6-5}$$

式中：u 为接触实体之间的穿透深度；$(f_t)_0$ 为时间步长初始的切向力；$\Delta\delta_s$ 为修正后的相对剪切位移增量；k_n 为法向刚度；k_t 为切向刚度。

颗粒间接触的法向刚度计算公式为：

$$k_n = \frac{2rtE_c}{r_a + r_b} \tag{6-6}$$

式中：r_a，r_b 分别为两个接触颗粒 a 和b 的半径；r 为r_a 和 r_b 的最小值；t 为 z 轴上的颗粒尺寸，离散元模型建立在 x—y 平面上；E_c 为有效模量。

切向接触模型为一个滑片，用以提供莫尔-库仑强度准则控制的接触剪切阻力：

$$f_t \leqslant \mu f_n \tag{6-7}$$

式中：μ 为颗粒-颗粒之间或颗粒-墙体之间的摩擦系数。

本书离散元模拟采用准静态加载（即不考虑试验加载中颗粒和墙体的动能），虽然加载速率非常小，但颗粒中依然会产生额外的动能。因此，施加局部阻尼用于消除颗粒间的额外动能，局部阻尼作用于每个颗粒。局部阻尼力定义为：

$$F_{(i)}^d = \alpha \left| F_{(i)} \right| \operatorname{sign}(V_{(i)}), i = 1, \cdots, 4 \tag{6-8}$$

式中：$i=1,2$ 对应于两个平移运动方向，$i=3,4$ 对应于两个旋转运动方向；α 为阻尼常数；$F_{(i)}$为广义力；$V_{(i)}$为广义速度；$\operatorname{sign}(x)$为符号函数。

$\operatorname{sign}(x)$定义为：

$$\operatorname{sign}(x) = \begin{cases} +1, x > 0 \\ 0, x = 0 \\ -1, x < 0 \end{cases} \tag{6-9}$$

本书离散元模拟中所采用的细观参数见表 6-1，其所有的细观参数已在已有研究中得到验证[165,168,270]。在试样加载过程中，颗粒的重叠量不足 1%。因此，可以认为各颗粒是刚性的[261]图 6-5 展示了试样的生成过程，包括颗粒的生成、等向压缩以及试样的剪切。

表 6-1　离散元模拟中所采用的细观参数

细观参数	参数值
颗粒密度/(kg・m^{-3})	2 650
刚度比(k_n/k_s)	4/3
有效模量 E_c/Pa	1×10^8
墙体法向接触刚度/(N・m^{-1})	2×10^8
墙体-颗粒间的摩擦系数	0
颗粒-颗粒间的摩擦系数	0.5
阻尼系数	0.7

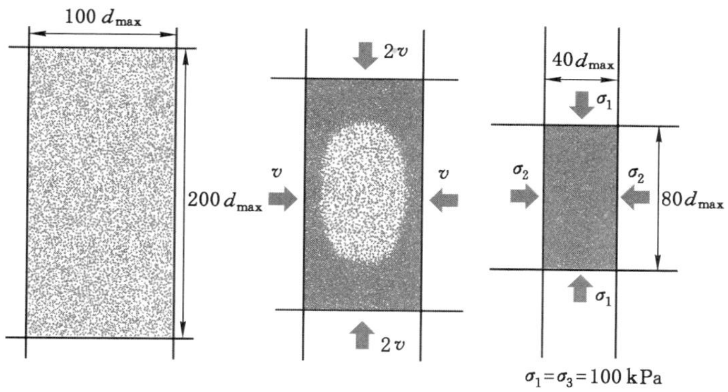

图 6-5　离散元 DEM 试样的生成

为了制备数值试验的试样，分别选取试验前后各 100 个煤矸石颗粒形状作为数值试验的颗粒模板。在一个四面封闭的矩形区域(离散元中采用 4 个刚性墙体模拟)内生成 5 000 个不重叠且角度随机的煤矸石颗粒。每个颗粒通过控制距离(175°)和比例(0.05)生成，则生成单个煤矸石颗粒时所采用圆盘的平均数量为 23.6。因为在非重力条件下可以更好地识别试样的内部特征[271]，所以在本书的离散元模型中所采用的每个颗粒都不考虑自身的重力。矩形区域的初始高度为 200 d_{max}，初始宽度为 100 d_{max}，其中 d_{max} 为煤矸石颗粒的最大等效直径(等效直径是指与不规则煤矸石颗粒面积相等的等效圆的直径)。

根据已有研究成果[165,270]，通过伺服控制原理以速度 v 移动构成矩形区域的四个墙体以实现对试样的等向压缩。当墙体的应力目标值[定义为每个刚性墙体所受的应力与设计围压($\sigma_3=200$ kPa)之间的公差]小于0.005,且不平衡应力比(定义为平均接触应力与平均静态不平衡应力之比)小于10^{-5}时,可认为试样达到平衡[165,272]。离散元数值模拟中不同的接触摩擦系数对应着压实度不同的试样,摩擦系数越大,试样的压实度就越小。因此,为了在数值试验中得到最密实的试样,通常将颗粒与颗粒间及颗粒与墙体间的摩擦系数设置为零[273-274]。等向压缩后,所有试样的尺寸均为$40d_{max}\times 80d_{max}$,试样尺寸与最大颗粒粒径之比约为40,该比值能够满足消除尺寸效应的要求[275]。

试样制备完成及细观参数取值后,对所有试样开展排水剪切数值试验[262]。注意,颗粒间的实际摩擦系数μ(0.5)需要在试样加载之前设置。在试验加载过程中,将颗粒与墙体间的摩擦系数设置为零。使上部墙体以一定速度向下压缩,试验过程中保持围压($\sigma_3=200$ kPa)不变。为了消除颗粒间的动能,剪切速率必须足够缓慢。采用惯性参数I_t对准静态加载试验进行控制,惯性参数I_t应小于2.5×10^{-3}[276]。上部墙体的加载速率设定为5 mm/s,所以本书数值试验的惯性参数I_t小于10^{-4},满足准静态加载要求[262]。惯性参数I_t定义为[277]:

$$I_t=\dot{\varepsilon}\bar{d}\sqrt{\frac{\rho}{p'}} \tag{6-10}$$

式中:$\bar{d}$为颗粒粒径;$\dot{\varepsilon}$为轴向应变率;p'为平均应力;ρ为颗粒密度。

图6-6所示为采用不同棱角圆度(R_d分别为0.1与0.5)真实颗粒形状所生成试样压实后的效果图。本书数值试验所采用试样的级配状况如图6-7所示。

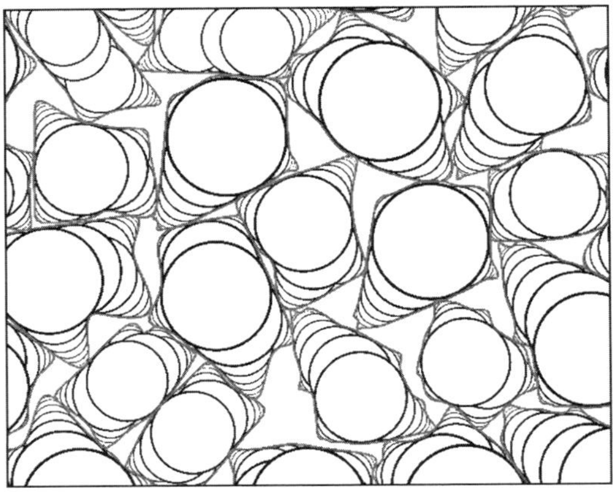

(a)

图6-6 生成不同棱角圆度试样效果图

(b)

图 6-6　(续)

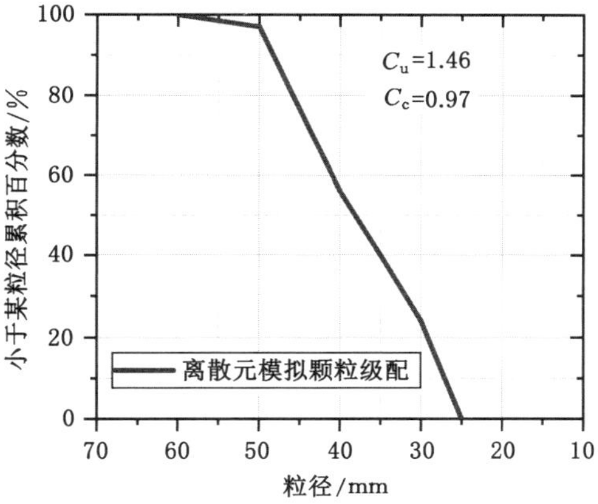

图 6-7　离散元模拟颗粒级配

6.4　离散元数值模拟结果及分析

6.4.1　压实特性分析

因为压实特性与试样内部的稳定性强相关，且压实特性也决定了试样的体积[278]，所以有必要对试验前后不同棱角圆度试样的压实特性进行研究。此外，孔隙比是影响颗粒材料压实特性的重要因素。因此，本书数值试验通过不同的颗粒间摩擦系数 μ 研究颗粒破碎引起颗粒形状变化对不同孔隙比试样压实特性的影响，其中颗粒间摩擦系数 μ 用于控制离散元数值模拟中压实试样的孔隙结构[278]，本书颗粒间摩擦系数 μ 分别取为 0、0.2、0.4、0.6、0.8 和 1.0，不同形状颗粒的棱角圆度R_d 分别取为 0.1 与 0.5。

本节采用孔隙比 e 与平均配位数 Z 来研究数值试验中煤矸石颗粒的压实特性。其中，孔隙比定义为：

$$e=\frac{V-V_p}{V_p} \tag{6-11}$$

式中：e 为孔隙比；V 为矩形区域的面积；V_p 为煤矸石颗粒的总体积。

平均配位数 Z 用于衡量颗粒材料内部颗粒的接触程度，是反应颗粒材料力学性质的一个重要指标[262]。对于 Clump 颗粒的平均配位数主要有以下两种定义：第一种是指相邻颗粒与给定颗粒相接触的接触数量；第二种是指与给定颗粒相接触相邻颗粒的数量[279]。本书采用平均配位数的第一种定义（即接触的数量）进行研究，平均配位数计算公式为[165,280]：

$$Z=\frac{2N_c}{N_p} \tag{6-12}$$

式中：Z 为平均配位数；N_c 为相邻颗粒与给定颗粒相接触的接触数量；N_p 为颗粒的总数量。

图 6-8 所示为不同棱角圆度试样孔隙比与颗粒间摩擦系数的关系曲线。由图 6-8 可知，随着颗粒间摩擦系数 μ 的增加，孔隙比逐渐增大而曲线的斜率逐渐减小。这种现象表明，孔隙比 e 对于颗粒间摩擦系数 μ 的敏感程度随着颗粒间摩擦系数的增大而减小，这与文献[278]的研究结论是一致的。同时，当颗粒间摩擦系数相同时，颗粒棱角圆度的增加导致孔隙比减小，说明颗粒形状越接近圆形，所得到试样的密实度就越高。

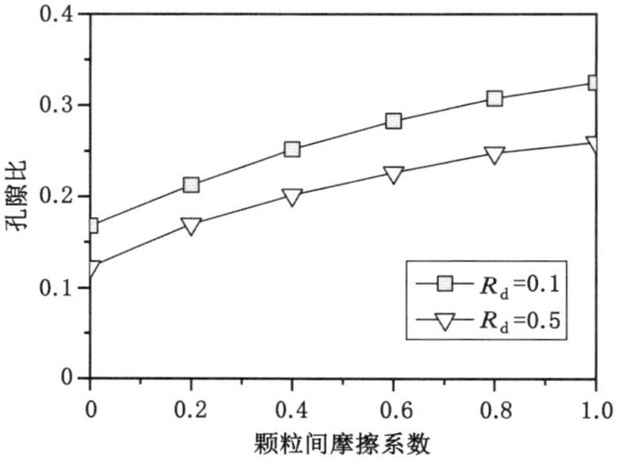

图 6-8　不同棱角圆度试样孔隙比与颗粒间摩擦系数的关系曲线

图 6-8 所示为不同棱角圆度试样孔隙比与颗粒间摩擦系数的关系曲线；图 6-9 所示为不同颗粒棱角圆度试样平均配位数与颗粒间摩擦系数的关系曲线。可以看出，随着颗粒间摩擦系数的增加，试样的平均配位数均有减小的趋势。结合孔隙比的变化规律可以得到，颗粒间摩擦系数的增加导致颗粒接触点接触数的减少。也就是说，随着颗粒间摩擦系数的增加，颗粒间的重叠量增加，接触力也随之增大。因此，颗粒间的咬合效应增强，而颗粒破碎的概率增大。

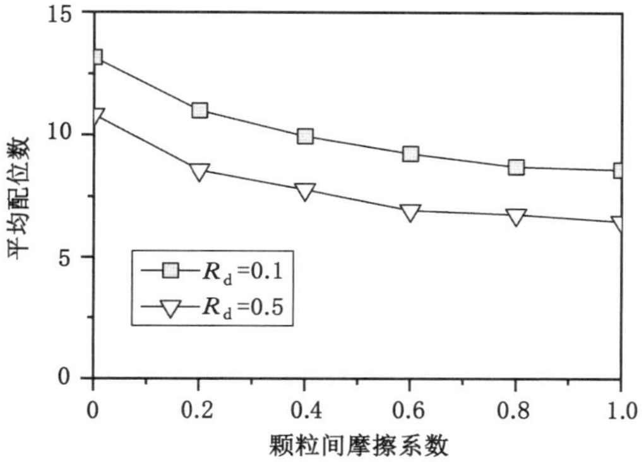

图 6-9　不同颗粒棱角圆度试样平均配位数与颗粒间摩擦系数的关系曲线

6.4.2　宏观特性分析

本节通过应力比、内摩擦角、剪胀角的变化规律来研究颗粒破碎引起棱角圆度变化对煤矸石路基填料宏观力学性质的影响。

(1) 应力比与轴向应变的关系

为了研究试样临界状态下的宏观和细观特征，将所有数值试验的试样压缩至轴向应变 $\varepsilon_1=30\%$[168]。平均主应力 p' 和偏应力 q 的计算公式分别为：

$$p'=\frac{\sigma_1+\sigma_2}{2} \tag{6-13}$$

$$q=\sigma_1-\sigma_2 \tag{6-14}$$

式中：σ_1 为轴向应力；σ_2 为围压。

轴向应变可以通过上部墙体的位移进行计算：

$$\varepsilon_1=\frac{h_0-h}{h_0} \tag{6-15}$$

式中：h_0 为试样的初始高度；h 为试样的变形量。

图 6-10 所示为不同颗粒棱角圆度试样应力比与轴向应变的关系曲线。由图 6-10 可知，试样加载初始阶段，应力比随轴向应变的增加迅速增大，当应变较

小时,便达到峰值应力比。峰值应力比之后,应力比随着轴向应变的增加逐渐减小,最终达到残余抗剪强度。随着颗粒棱角圆度的逐渐增大,试样的峰值强度并没有明显的损失,Tutumluer 等[281]、Qian 等[282]的研究也得出了相似的结论。然而,试样的残余强度随着棱角圆度的增加明显降低。上述试验结果表明,颗粒破碎引起棱角圆度的变化并不会导致明显的峰值强度损失,而会导致残余强度明显降低。

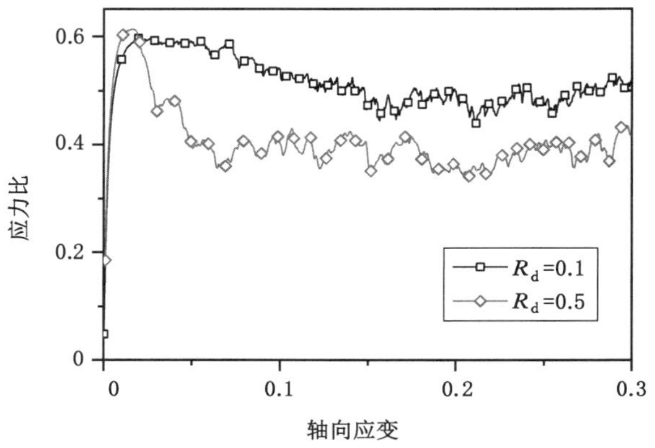

图 6-10　应力比与轴向应变的关系曲线

本书数值试验采用不同棱角圆度的试样进行研究,随着棱角圆度的不断增加,颗粒的尖角越来越圆滑。颗粒表面越圆滑、越接近圆形时,压实过程中将会使试样得到更为致密的充填结构,从而导致试样的压实度更高[282]。在试样加载过程中,不会产生明显的峰值强度损失。但是,颗粒棱角越圆滑,导致颗粒之间的咬合效果降低,使得试样的残余强度明显降低。

(2) 内摩擦角分析

在排水剪切试验中,表征颗粒材料抗剪强度的内摩擦角 φ 可根据应力比进行求解,由莫尔-库仑强度准则,可得[165,168]:

$$\sin\varphi=\frac{\sigma_1-\sigma_2}{\sigma_1+\sigma_2}=\frac{q}{2p'} \tag{6-16}$$

图 6-11 所示为峰值和临界状态下试样内摩擦角 φ 与棱角圆度 R_d 的关系曲线。考虑图 6-10 中应力比波动的影响,临界状态内摩擦角从轴向应变为 0.2 到 0.3 范围内的应力比计算得到[168]。由图 6-11 可知,随着棱角圆度的增大,峰值状态内摩擦角从 17.10° 增加到 17.88°,但其增量并不显著;而临界状态下的内摩擦角则从 14.13° 降低到 11.10°,降幅较为明显。

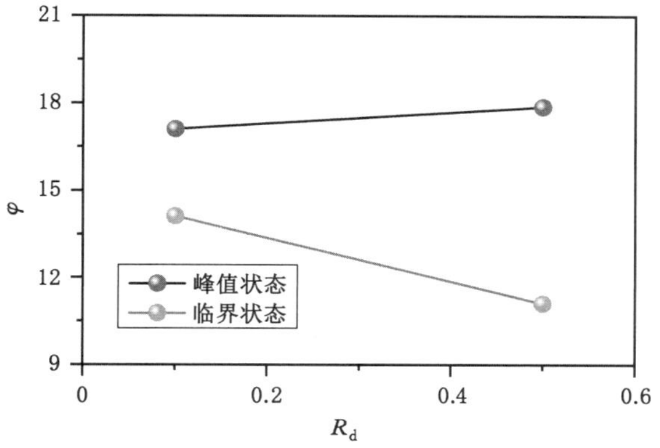

图 6-11　峰值和临界状态下试样内摩擦角与棱角圆度的关系曲线

(3) 体积应变与轴向应变的关系

依据刚性墙体的移动可以求得试样的体积变化，试样体积应变ε_V 计算公式为[165,168]：

$$\varepsilon_V = \frac{V_0 - V}{V_0} \tag{6-17}$$

式中：ε_V 为体积应变；V 为试样发生一定变形后的体积；V_0 为试样的初始体积。

图 6-12 所示为不同棱角圆度试样体积应变与轴向应变的关系曲线(体积压缩为正)。由图 6-12 可知，当试样轴向应变小于 0.015 时，体积应变为正值，试样发生剪缩，体积应变最大值接近 0.003。当轴向应变大于 0.015 时，体积应变为负值，试样发生剪胀。在剪胀过程中，随着轴向应变的增大，试样的体积应变

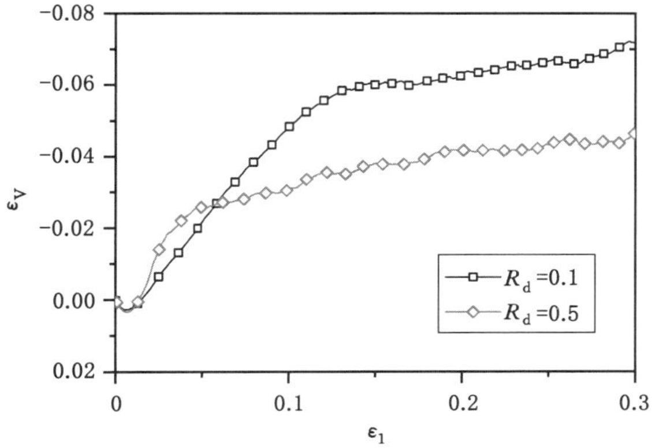

图 6-12　不同棱角圆度试样体积应变与轴向应变的关系曲线

先迅速减小而后趋于稳定。上述现象表明：在试验加载过程中，试样先被轻微的压密，从而发生剪缩；压密后的试样随着轴向压力的增大，内部颗粒发生滑移和错位等现象，导致试样产生剪胀，最后达到基本稳定的体积。

(4) 剪胀角分析

双轴数值试验中剪胀角的计算公式为[165,168]：

$$\sin\psi = -\frac{\dfrac{d\varepsilon_V}{d\varepsilon_1}}{2-\dfrac{d\varepsilon_V}{d\varepsilon_1}} \tag{6-18}$$

通过式(6-18)与上述图 6-12 中体积应变与轴向应变的关系求得棱角圆度 R_d 为 0.1 时的剪胀角为 14.04°、棱角圆度 R_d 为 0.5 时的剪胀角为 21.30°。由此可知，峰值剪胀角随着棱角圆度的增大而增大。

6.4.3 细观特征分析

本节通过平均配位数、滑动率、平均颗粒接触弯矩的变化规律来研究颗粒破碎引起棱角圆度变化对煤矸石路基填料细观力学性质的影响。

(1) 平均配位数分析

平均配位数的计算方法见 6.4.1 节，是用于衡量颗粒材料内部颗粒接触程度的重要指标[165,168]。不同棱角圆度试样平均配位数与轴向应变关系曲线见图 6-13。由图 6-13 可知：首先，当棱角圆度 R_d 较小时，随着轴向应变的增大，平均配位数在轴向应变很小时先迅速增大，然后缓慢下降，最后在轴向应变大于 0.08 时逐渐趋于稳定；其次，当棱角圆度 R_d 较大时，随着轴向应变的增大，平均配位数在轴向应变很小时逐渐减小，在轴向应变大于 0.04 时开始趋于稳定；最

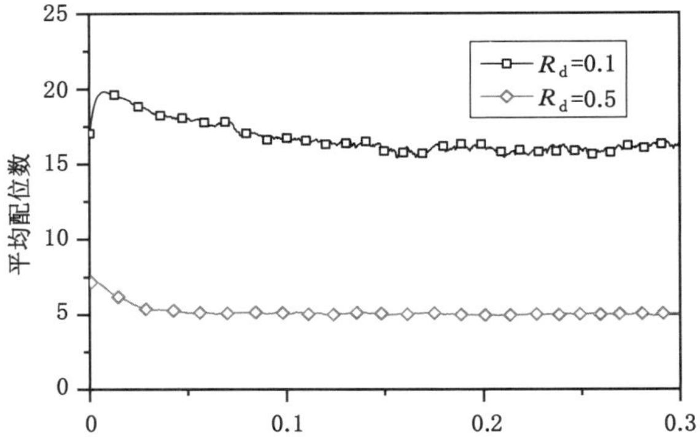

图 6-13 平均配位数与轴向应变的关系曲线

后,棱角圆度越大,平均配位数越小。研究表明,平均配位数越大,颗粒之间的咬合越紧密[168]。因此,试样的棱角圆度越大,其强度也越高,这与上述宏观性质的研究基本一致。

(2) 滑动率分析

颗粒的接触滑动率遵循库仑摩擦定律,对于滑动因子S_f定义为:

$$S_f = \frac{|f_t|}{\mu f_n} \tag{6-19}$$

式中:S_f为滑动因子;f_t为切向接触力;f_n为法向接触力;μ为滑动摩擦系数。

当滑动因子满足$S_f > 0.9999$时,认为颗粒接触发生滑动,滑动率的计算公式为[283]:

$$\mathrm{RSC} = \frac{\mathrm{NC_s}}{N_c} \tag{6-20}$$

式中:RSC 为滑动率;$\mathrm{NC_s}$为试样中滑动接触的数量;N_c为相邻颗粒与给定颗粒相接触的接触数量。

不同棱角圆度试样滑动率与轴向应变的关系曲线如图 6-14 所示。由图 6-14 可知:首先,随着轴向应变的增大,滑动率先急剧增大,在轴向应变很小时达到峰值,然后逐渐减小,当轴向应变大于 0.07 时,逐渐趋于稳定;其次,颗粒棱角圆度越大,滑动率就越小。当接触的颗粒间发生相对运动时,形状不规则颗粒较强的抗旋转能力将迫使接触面滑动,以调整试样的整体积应变形[284]。因此,随着棱角圆度的增大,颗粒的抗旋转能力降低,导致滑动率减小。

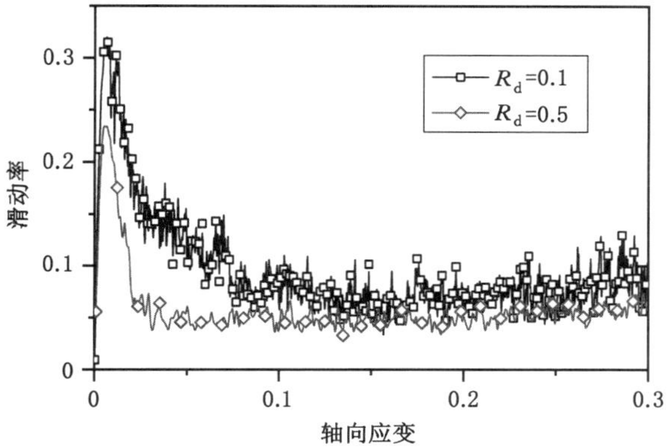

图 6-14　滑动率与轴向应变的关系曲线

(3) 平均颗粒接触弯矩分析

颗粒间的咬合可以采用平均颗粒接触弯矩 M_c 来量化,其定义为:

$$M_c=\frac{\sum_{i=1}^{N_p}M_i}{N_p} \tag{6-21}$$

式中:M_i 为单个颗粒的接触弯矩;M_c 为平均颗粒接触弯矩。

图 6-15 所示为平均颗粒接触弯矩与轴向应变的关系曲线。为了更好地呈现出曲线的变化规律,已将数据进行归一化处理。由图 6-15 可知:

① 随着轴向应变的增加,平均颗粒接触弯矩先迅速增大,随后在微小的应变下达到峰值。

② 峰值过后,平均颗粒接触弯矩随着轴向应变的增大逐渐减小,最后达到基本稳定。

③ 棱角圆度越大,平均颗粒接触弯矩越小。

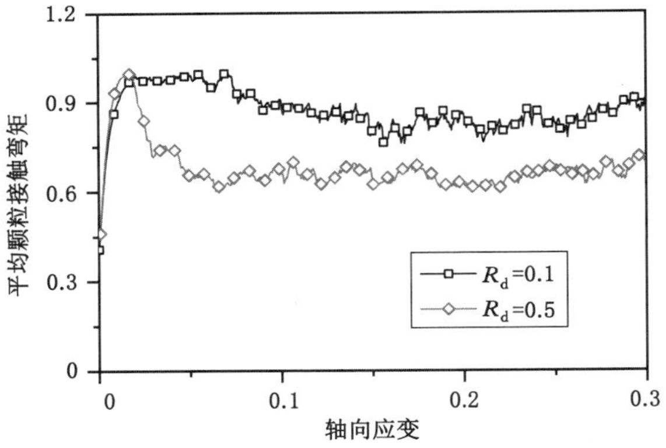

图 6-15 平均颗粒接触弯矩与轴向应变的关系曲线

6.5 本章小结

本章采用大型动三轴试验前后煤矸石路基填料的颗粒形状,通过自行研发的二维图像采集平台获取了煤矸石颗粒的真实形状,采用颗粒棱角圆度指标量化分析了试验前后煤矸石颗粒的形状;并在此基础上,通过离散元软件采用真实颗粒形状研究了颗粒破碎引起棱角圆度变化对煤矸石路基填料宏观与细观力学性质的影响。主要结论如下:

(1) 搭建了煤矸石颗粒二维图像采集平台,采用该图像采集平台获取了不同方向煤矸石颗粒的二维图像;通过计算机编程求解了大型动三轴试验前后煤矸石颗粒的棱角圆度。结果表明:随着循环荷载振动次数的增大,煤矸石颗粒的尖角逐渐退化,棱角圆度逐渐增大,体现出循环荷载作用下煤矸石颗粒逐渐变得圆滑。

(2) 采用孔隙比和平均配位数两个指标研究了棱角圆度对煤矸石路基填料压实特性的影响。随着颗粒间摩擦系数的增大,孔隙比逐渐增大,平均配位数有减小的趋势;当颗粒间摩擦系数相同时,棱角圆度越大,孔隙比和平均配位数就越小。

(3) 颗粒破碎引起棱角圆度变化对煤矸石路基填料的宏观力学性质存在较大影响。随着棱角圆度的增加,试样的峰值强度轻微增加,而残余强度显著降低,峰值剪胀角增大。

(4) 颗粒破碎引起棱角圆度变化对煤矸石路基填料的细观力学性质存在显著影响。棱角圆度越小,平均配位数越大,滑动率就越大,且平均颗粒接触弯矩亦越大。

(5) 进一步说明了采用离散元软件结合图像分析的方法来研究颗粒破碎引起棱角圆度变化对煤矸石路基填料宏观与细观力学性质影响的可行性。

第 7 章 结论与展望

7.1 研究结论

长期以来，煤炭在我国能源结构中依然占据主导地位。其作生产物煤矸石作为我国累积量与排放量最大的工业固体废弃物之一，将其用于路基填料会产生巨大的经济、社会和环境效益。煤矸石用于路基填料已积累了大量施工经验，而对其理论方面的研究依然远落后于工程实践。因此，本书首先研究了煤矸石路基填料的路用性能，探究了煤矸石路基填料压实特性的级配效应并求得了煤矸石路基填料的最优级配区间；其次开展了煤矸石路基填料静力特性研究，获取了其强度与变形特性；接着开展了一系列室内大型动三轴试验，对循环荷载作用下煤矸石路基填料的骨干曲线、滞回曲线及累积变形进行了深入研究；接着分析了静动荷载试验前后煤矸石路基填料颗粒破碎的演化规律；最后基于大型动三轴试验前后煤矸石颗粒形状的变化规律，通过离散元软件采用真实颗粒形状模拟分析了颗粒破碎引起棱角圆度变化对煤矸石路基填料宏观与细观力学性质的影响。

(1) 通过室内试验研究了煤矸石试验材料的路用性能，获取了煤矸石的微观结构与矿物成分，分析了现有各级配方程对于级配设计的适用性，求解了级配良好范围对应级配参数的具体取值区间并设计了试样的级配，研究了煤矸石路基填料压实特性的级配效应并求得了煤矸石路基填料的最优级配区间。

① 分析了煤矸石路基填料的微观结构与矿物成分。煤矸石表面较为粗糙，层状和片状颗粒较多，各颗粒间通过胶结连接且连接处具有明显的接触缝隙，内部孔隙较多。煤矸石的主要矿物成分为石英，含量达到 44.72%；其次为方解石，含量达到 29.54%；同时也含有尖晶橄榄石、硅酸镁、碳硼硅钙镁石、氧化铝、镁方解石等矿物质。

② 研究了各级配方程之间的相关性，分析了采用分形模型级配方程设计试验级配的适用性与优越性；采用分形模型级配方程设计了试验级配，并求解得到了良好级配的取值界限：当 $1.8867 \leqslant D \leqslant 2.6309$ 时，级配均匀。

③ 级配对煤矸石路基填料的压实特性存在较大影响，随着细颗粒含量的增加，其最大干密度先增大后减小，体现出颗粒之间的充填关系先变优后变差，这种现象反映出煤矸石路基填料的颗粒级配存在最优区间。获取了煤矸石路基填料的最优级配区间（$2.04 \leqslant D \leqslant 2.55$），并与已有研究对比分析，得出不同材料的最优级配区间存在一定的差距。研究发现，振动持续时间对煤矸石路基填料的压实特性存在轻微影响，而当振动持续时间大于 18 min 时，其影响甚微。

（2）静力特性研究是动力特性研究的基础，考虑了对于公路路基填筑影响较大的三个因素（路基填料颗粒级配、路基填筑压实程度和路基填埋深度），基于大型动静三轴试验仪对煤矸石路基填料粗颗粒进行了室内试验，获取了其强度与变形特性，并分析了颗粒级配、压实度以及围压对其强度与变形特性的影响。

① 随着轴向应变的增加，煤矸石路基填料的偏应力与体积应变均逐渐增大，且其增幅逐渐放缓；偏应力与应变的关系曲线表现出典型的应变硬化型曲线；体积应变曲线表现出明显的剪缩现象，没有发生明显的剪胀。

② 对于相同围压条件下不同级配的煤矸石试样，随着分形维数的增大，试样的偏应力先增大后减小，试样的峰值偏应力与分形维数表现出良好的二次函数相关性。通过大型静三轴试验与振动击实试验获取的煤矸石路基填料最佳级配区间基本一致。因此，考虑大型静三轴试验成本较高，可通过振动击实试验直接获取其最佳级配。

③ 相同围压条件下，压实度越大，试样的偏应力就越大。压实度从 90%增大到 93%时偏应力增长的幅度较大，而压实度从 93%增大到 96%时增长的幅度较小。

④ 随着围压的增大，试样的偏应力不断增加。级配和压实度均对煤矸石路基填料的黏聚力存在显著的影响，而对其内摩擦角的影响甚微。这说明，级配和压实度不同引起煤矸石路基填料强度的变化主要是由试样的黏聚力不同导致的。

（3）基于前人研究成果及公路路基的实际情况，选取了进行循环荷载作用下煤矸石路基填料大型动三轴试验的各动力参数，开展了一系列室内大型动三轴试验；并在此基础上对循环荷载作用下煤矸石路基填料的动应力-动应变关系（即非线性、滞后性及变形累积性）进行了深入研究。

① 基于已有成果与路基实际环境选取了各动力参数用于大型动三轴试验，对循环荷载作用下煤矸石路基填料的动应力-动应变关系进行了深入研究。煤矸石试样的动应力随着动应变的增大而增大，随着围压的增加，试样破坏时的动

应力与动应变均逐渐增大;煤矸石试样的骨干曲线并非呈现出良好的双曲线变化规律,可采用修正后的 Hardin-Drnevich 模型描述试样的骨干曲线,研究了最大动弹模量与围压的关系,并建立了考虑围压效应的煤矸石路基填料骨干曲线计算模型。最后,分析了循环荷载作用下煤矸石试样动弹模量与阻尼比的变化规律。

② 循环荷载作用下煤矸石路基填料的滞回圈不光滑,形状呈近似椭圆形;随着动应变与围压的增大,滞回圈的形态特征发生一系列变化,采用滞回圈形态特征指标(滞回圈不闭合程度、滞回圈长轴倾斜程度、滞回圈面积大小和滞回圈饱满程度)对煤矸石路基填料滞回圈的形态特征进行了量化分析。

③ 研究了循环荷载作用下煤矸石路基填料累积变形的变化规律,累积变形曲线可分为快速增长阶段、减速增长阶段与基本稳定阶段;围压、颗粒级配、压实度与轴向动应力幅值均对试样累积变形存在显著影响;基于大型动三轴试验结果,提出了煤矸石路基填料累积变形预测模型,该模型能够普遍适用于不同类型累积变形曲线(稳定型、破坏型、临界型)结果的预测,结合已有成果验证了模型的正确性与适用性,分析了模型参数的物理意义。

(4) 通过室内试验获取了煤矸石路基填料静力剪切与循环动荷载试验前后的颗粒级配,分析了煤矸石颗粒级配的演化规律,并建立了颗粒破碎演化模型;对已有的颗粒破碎量化指标进行了对比分析,基于所建立的颗粒破碎演化模型推导了颗粒破碎率的计算公式;采用该公式对不同试验条件下静力剪切与循环动荷载试验后煤矸石路基填料的颗粒破碎进行了量化分析。

① 基于 Logistic 回归模型建立了煤矸石路基填料颗粒破碎演化模型,通过煤矸石路基填料大型三轴试验结果与已有研究成果验证了模型的正确性;与已有模型进行对比分析了本书模型的优越性;并分析了模型参数的数学意义与物理意义,β_0 为反应曲线截距的参数,进一步表示了试样级配中粒径最小粒组颗粒的含量,β_1 为体现模型曲线最大斜率的参数,试样在最大斜率处对应粒组颗粒的含量最大。

② 将颗粒破碎指标与建立的颗粒破碎演化模型相结合推导了新的相对破碎率计算公式,将模型计算与作图计算求得的破碎率进行了对比分析。结果表明:通过作图计算求得的破碎率略小于模型计算,但两者较为接近且整体曲线的变化趋势是一致的,故可以采用本文推导的相对破碎率计算公式对煤矸石颗粒的破碎程度进行量化分析。

③ 分析了制样过程人工振捣与等压固结过程对煤矸石试样颗粒破碎的影响。制样过程对试样颗粒破碎的影响较大,制样时人工振捣对煤矸石路基填料颗粒破碎的影响不能忽视;而等压固结过程对试样颗粒破碎的影响较小,相对于

制样时产生的破碎，这部分影响可忽略不计。人工制样与等压固结过程中大于 5 mm 粒组的粗颗粒含量均有所减少，而小于 5 mm 粒组的细颗粒含量均有所增加。

④ 基于大型三轴试验结果与所求得的相对破碎率计算公式分析了压实度、级配、围压对煤矸石试样颗粒破碎的影响。结果表明：压实度、试样初始级配、围压均对煤矸石试样颗粒破碎存在显著影响，压实度越大，颗粒破碎得就越大；分形维数越大，细颗粒含量越多，试样的相对破碎率也就越小，故在粗粒料试样的级配设计中适当增加细颗粒含量将有助于减轻粗颗粒的破碎程度；围压对静力剪切与循环荷载作用下煤矸石颗粒破碎的影响均较为明显，围压越大，颗粒破碎程度就越明显；在循环荷载作用下，每级荷载循环加载次数越多，颗粒破碎得就越小。

（5）采用大型动三轴试验前后煤矸石路基填料的颗粒形状，通过自行研发的二维图像采集平台获取了煤矸石颗粒的真实形状，采用颗粒棱角圆度指标量化分析了试验前后煤矸石颗粒的形状；并在此基础上，通过离散元软件采用真实颗粒形状研究了颗粒破碎引起棱角圆度变化对煤矸石路基填料宏观与细观力学性质的影响。

① 搭建了煤矸石颗粒二维图像采集平台，采用该图像采集平台获取了不同方向煤矸石颗粒的二维图像。通过计算机编程求解了大型动三轴试验前后煤矸石颗粒的棱角圆度，结果表明，随着循环荷载振动次数的增大，煤矸石颗粒的尖角逐渐退化，棱角圆度逐渐增大，体现出循环荷载作用下煤矸石颗粒逐渐变得圆滑。

② 采用孔隙比和平均配位数两个指标研究了棱角圆度对煤矸石路基填料压实特性的影响。随着颗粒间摩擦系数的增大，孔隙比逐渐增大，平均配位数有减小的趋势；当颗粒间摩擦系数相同时，棱角圆度越大，孔隙比和平均配位数就越小。

③ 颗粒破碎引起棱角圆度变化对煤矸石路基填料的宏观力学性质存在较大影响。随着棱角圆度的增加，试样的峰值强度轻微增加，而残余强度显著降低，峰值剪胀角增大。

④ 颗粒破碎引起棱角圆度变化对煤矸石路基填料的细观力学性质存在显著影响。棱角圆度越小，平均配位数越大，滑动率越大且平均颗粒接触弯矩亦越大。

⑤ 进一步说明了采用离散元软件结合图像分析的方法来研究颗粒破碎引起棱角圆度变化对煤矸石路基填料宏观与细观力学性质影响的可行性。

7.2 研究展望

限于学识与外界因素的影响，使得本研究依然存在一些不足之处，可在以后的研究中进一步解决。

(1) 初步开展了循环荷载作用下煤矸石路基填料的动力特性及颗粒破碎演化规律研究。在未来的研究工作中，煤矸石路基填料改良的研究有待于进一步开展。

(2) 基于传统的 H-D 模型研究了循环荷载作用下煤矸石路基填料的动本构模型，其参数的物理意义明确，应用也最为广泛。然而，对于动荷载作用下煤矸石路基填料弹塑性本构模型的研究依然是一大难题。弹塑性动本构模型的研究还远不够成熟，动荷载往返效应和速率效应的影响也不同于一般塑性理论中的静力加卸荷载与再加载的简单重复。因此，在今后的研究工作中，有必要对弹塑性动本构模型进行深入研究。

(3) 考虑计算机性能和计算成本，本书仅从二维角度揭示了颗粒破碎引起棱角圆度发生变化对煤矸石路基填料宏观与细观力学性质影响的普遍规律。在以后的研究中，有必要将其扩展到三维条件下进行更深入的研究。

参考文献

[1] 时成林,沙爱民,闫秋波,等.煤矸石筑路技术研究及应用[M].北京:人民交通出版社,2016.

[2] 彭立,杜勇立,杨果林,等.高速公路加筋煤矸石路基工程应用新技术[M].北京:科学出版社,2017.

[3] 张长森.煤矸石资源再生利用技术[M].北京:化学工业出版社,2018.

[4] 李桂花.煤矸石在高路堤填筑中的关键技术研究[D].济南:山东大学,2012.

[5] 邱钰,缪林昌,刘松玉.煤矸石在道路建设中的应用研究现状及实例[J].公路交通科技,2002,19(2):1-5.

[6] 贺建清,阳军生,靳明.循环荷载作用下掺土煤矸石力学性状试验研究[J].岩石力学与工程学报,2008,27(1):199-205.

[7] 贺建清,靳明,阳军生.掺土煤矸石的路用工程力学特性及其填筑技术研究[J].土木工程学报,2008,41(5):87-93.

[8] 刘松玉,童立元,邱钰,等.煤矸石颗粒破碎及其对工程力学特性影响研究[J].岩土工程学报,2005,27(5):505-510.

[9] 王康宇,庄妍,耿雪玉.铁路路基粗粒土填料临界动应力试验研究[J].岩土力学,2020,41(6):1865-1873.

[10] 蔡袁强,赵莉,曹志刚,等.不同频率循环荷载下公路路基粗粒填料长期动力特性试验研究[J].岩石力学与工程学报,2017,36(5):1238-1246.

[11] 陈成,周正明,张先伟,等.循环荷载作用下泥炭质土动力累积特性试验研究[J].岩石力学与工程学报,2017,36(5):1247-1255.

[12] 桂跃,余志华,刘海明,等.高原湖相泥炭土固结系数变化规律试验研究[J].岩石力学与工程学报,2016,35(增刊1):3259-3267.

[13] 中华人民共和国交通运输部.公路路基设计规范:JTG D30—2015[S].北

京:人民交通出版社,2015.
[14] 中华人民共和国交通运输部.公路路基施工技术规范:JTG/T 3610—2019[S].北京:人民交通出版社,2019.
[15] 陈仁朋,王朋飞,刘鹏,等.路基煤矸石填料土-水特征曲线试验研究[J].岩土力学,2020,41(2):372-378.
[16] 熊琼,阳军生,王亚辉.掺土煤矸石的动力特性试验研究[J].中外公路,2008,28(2):186-189.
[17] 程红光.煤矸石在公路工程中的应用研究[D].西安:长安大学,2009.
[18] 王继伦,王文刚,袁海平,等.煤矸石填筑高速公路路基的稳定性模拟研究[J].江西理工大学学报,2011,32(1):35-37.
[19] 柴亚南.煤矸石路基填料分级标准及沉降特性研究[D].西安:长安大学,2013.
[20] 袁晓军.煤矸石在灯辽高速公路路基填筑中的应用[J].北方交通,2014,7:66-67.
[21] 周大全,拜亚南,吴岭.煤矸石填筑高速公路路基应用研究[J].路基工程,2014,174(3):100-105.
[22] 李军,韩洋,吴立坚,等.煤矸石高路堤沉降变形规律研究[J].公路交通科技(应用技术版),2015,11(5):40-41.
[23] 王海洋.改性煤矸石在矿区重载道路中的应用研究[D].徐州:中国矿业大学,2015.
[24] 李震.煤矸石填筑路基检测方法研究浅析[J].绿色环保建材,2018,2:168-169.
[25] 孙锴,彭峰,杨果林,等.溆怀高速煤矸石路堤涵洞病害研究与施工工艺[J].施工技术,2018,47(增刊1):1170-1173.
[26] 周楠,姚依南,宋卫剑,等.煤矿矸石处理技术现状与展望[J].采矿与安全工程学报,2020,37(1):136-146
[27] 余湘娟,房震,鲍陈阳,等.煤矸石动强度特性试验研究[J].岩土力学,2005,26(增刊1):102-104.
[28] 李东升,刘东升.煤矸石抗剪强度特性试验对比研究[J].岩石力学与工程学报,2015,34(增刊1):2808-2816.
[29] 胡雪松,唐朝晖,万佳文,等.煤矸石换填膨胀土路基的沉降研究[J].地质科技情报,2017,36(6):261-266.
[30] 张天军,尚宏波,李树刚,等.破碎矸石分级加载蠕变过程中的渗流试验研究[J].采矿与安全工程学报,2018,35(1):188-196.

[31] LI L H, LONG G C, BAI C N, et al. Utilization of coal gangue aggregate for railway roadbed construction in practice[J]. Sustainability, 2020, 12(11): 4583.

[32] 崔景彦. 煤矸石衰变对路堤稳定性影响研究[D]. 徐州：中国矿业大学, 2014.

[33] 王义川. 采煤沉陷区煤矸石铁路路堤水稳定性研究[D]. 徐州：中国矿业大学, 2014.

[34] 狄升贯. 高速公路煤矸石路基路用性能研究[D]. 西安：长安大学, 2008.

[35] 赵鹏. 邢汾高速煤矸石填筑路基关键技术研究[D]. 西安：长安大学, 2012.

[36] 冷伍明, 梅慧浩, 聂如松, 等. 重载铁路基床粗粒土填料的静力特性研究[J]. 铁道工程学报, 2016, 33(11): 23-28.

[37] 刘松玉, 邱钰, 童立元, 等. 煤矸石的动力特性试验研究[J]. 东南大学学报(自然科学版), 2005, 35(2): 280-283.

[38] 贺建清, 阳军生, 靳明. 循环荷载作用下掺土煤矸石力学性状试验研究[J]. 岩石力学与工程学报, 2008, 27(1): 199-205.

[39] 李永靖, 邢洋, 韩俊俊, 等. 煤矸石路基填料震陷变形特性分析[J]. 公路交通科技, 2014, 31(12): 43-49.

[40] 蒋关鲁, 房立凤, 王智猛, 等. 红层泥岩路基填料动强度和累积变形特性试验研究[J]. 岩土工程学报, 2010, 32(1): 124-129.

[41] 邓国栋, 张家生, 王启云, 等. 高速铁路粗粒土填料动力参数试验研究[J]. 铁道科学与工程学报, 2014, 11(2): 76-83.

[42] INDRARATNA B, LACKENBY J, CHRISTIE D. Effect of confining pressure on the degradation of ballast under cyclic loading[J]. Géotechnique, 2005, 55(4): 325-328.

[43] QI Y J, INDRARATNA B, HEITOR A, et al. Effect of rubber crumbs on the cyclic behavior of steel furnace slag and coal wash mixtures[J]. Journal of geotechnical and geoenvironmental engineering, 2018, 144(2): 04017107.

[44] INDRARATNA B, QI Y J, HEITOR A. Evaluating the properties of mixtures of steel furnace slag, coal wash, and rubber crumbs used as subballast[J]. Journal of materials in civil engineering, 2018, 30(1): 04017251.

[45] 陈乐求, 张家生, 陈俊桦, 等. 水泥改良泥质板岩粗粒土的静动力特性试验[J]. 岩土力学, 2017, 38(7): 1903-1910.

[46] 高冉, 叶剑红. 中国南海吹填岛礁钙质砂动力特性试验研究[J]. 岩土力学, 2019, 40(10): 3897-3908.

[47] ZHANG D, LI Q M, LIU E L, et al. Dynamic properties of frozen silty soils with different coarse-grained contents subjected to cyclic triaxial loading[J]. Cold regions science and technology, 2019, 157: 64-85.
[48] 张凌凯,王睿,张建民,等.不同应力路径下堆石料的动力变形特性试验研究[J].工程力学,2019,36(3):114-120.
[49] 王家全,畅振超,唐毅,等.循环荷载下加筋砾性土填料的动三轴试验分析[J].岩土力学,2020,41(9):2851-2860.
[50] 孙静,公茂盛,熊宏强,等.冻融循环对粉砂土动力特性影响的试验研究[J].岩土力学,2020,41(3):747-754.
[51] 谢定义.土动力学[M].北京:高等教育出版社,2011.
[52] 迟世春,郭晓霞,杨峻,等.土的动力 Hardin-Drnevich 模型小应变特性及其阈值应变研究[J].岩土工程学报,2008,30(2):243-249.
[53] 栾茂田.土动力非线性分析中的变参数 Ramberg-Osgood 本构模型[J].地震工程与工程振动,1992,12(2):69-78.
[54] 胡勤,戚承志. Ramberg-Osgood 土动力非线性模型在 ABAQUS 软件上的开发及应用[J].岩土力学,2012,33(4):1268-1274.
[55] 迟世春,陈崇茂,贾宇峰.筑坝土石料的变参数 Ramberg-Osgood 模型及其适应性研究[J].岩土力学,2013,34(1):1-5.
[56] VELETSOS A S Structural and geotechnical mechanics[M]. Englewood Cliffs: Prentice-Hall Inc., 1977.
[57] IDRISS I M, DOBRY R, SINGH R D. Nonlinear behavior of soft clays during cyclic loading[J]. Journal of the geotechnical engineering division, 1978, 104(12): 1427-1447.
[58] 蔡袁强,柳伟,徐长节,等.基于修正 Iwan 模型的软黏土动应力-应变关系研究[J].岩土工程学报,2007,29(9):1314-1319.
[59] 郭晓霞,迟世春,林皋.基于热力学定律的土体动力 Hardin-Drnevich 模型再认识[J].岩土力学,2008,29(9):2335-2340.
[60] 郭晓霞.热力学方法在土体本构模型中的应用研究[D].大连:大连理工大学,2009.
[61] 郭晓霞.热力学方法在土体动力 Ramberg-Osgood 模型中的应用研究[J].冰川冻土,2011,33(4):819-825.
[62] 张宏博,苗海涛,宋修广.长期交通荷载作用下粉砂土累积变形本构模型构建及数值积分格式[J].山东大学学报(工学版),2010,40(2):59-65.
[63] 高源,刘海笑,李洲.适用于饱和砂土循环动力分析边界面塑性模型的显式

积分算法[J]. 岩土力学,2019,40(10):3951-3958.
[64] 李潇旋,李涛,彭丽云. 控制吸力循环荷载下非饱和黏性土的弹塑性双面模型[J]. 岩土力学,2020,41(2):552-560.
[65] 梁珂,陈国兴,何杨,等. 基于相关函数理论的动模量和阻尼比计算新方法[J]. 岩土力学,2019,40(4):1368-1376.
[66] 梁珂,何杨,陈国兴. 南沙珊瑚砂的动剪切模量和阻尼比特性试验研究[J]. 岩土力学,2020,41(1):23-31.
[67] 梁珂,陈国兴,王彦臻,等. 珊瑚砂动剪切模量预测的应变-损伤状态耦合模型[J]. 岩土工程学报,2019,41(10):1863-1871.
[68] 梁珂,陈国兴,刘抗,等. 饱和珊瑚砂最大动剪切模量的循环加载衰退特性及预测模型[J]. 岩土力学,2020,41(2):601-611.
[69] 梁珂,陈国兴,杭天柱,等. 砂类土最大动剪切模量的新预测模型[J]. 岩土力学,2020,41(6):1963-1970.
[70] 穆锐,黄质宏,浦少云,等. 循环荷载下原状红黏土的累积变形特征及动本构关系研究[J]. 岩土力学,2020,41(增刊2):1-10.
[71] 周文权,冷伍明,刘文劼,等. 低围压循环荷载作用下饱和粗粒土的动力特性与骨干曲线模型研究[J]. 岩土力学,2016,37(2):415-423.
[72] 罗飞,赵淑萍,马巍,等. 青藏冻结黏土滞回曲线形态特征的定量研究[J]. 岩石力学与工程学报,2013,32(1):208-215.
[73] 罗飞,赵淑萍,孔祥兵,等. 分级加载下冻结兰州黄土滞回曲线形态特征的试验研究[J]. 土木工程学报,2014,47(1):127-133.
[74] 罗飞,赵淑萍,马巍,等. 由滞回曲线的形态特征分析冻结黏土的动力特性[J]. 岩土力学,2015,36(增刊1):299-304.
[75] 黄娟,丁祖德,袁铁映,等. 循环荷载作用下泥炭质土的动变形特性试验研究[J]. 岩土力学,2017,38(9):2551-2558.
[76] 黄娟,彭立敏,袁铁映,等. 分级加载条件下泥炭质土滞回曲线演化规律试验研究[J]. 中南大学学报(自然科学版),2018,49(7):1753-1759.
[77] 魏新江,庄家煌,丁智,等. 地铁循环荷载作用下冻融土滞回曲线及阻尼比特性研究[J]. 岩石力学与工程学报,2019,38(10):2092-2102.
[78] 庄心善,王俊翔,李凯,等. 风化砂改良膨胀土的滞回曲线特征对比研究[J]. 岩石力学与工程学报,2019,38(增刊2):3709-3716.
[79] 庄心善,赵汉文,王俊翔,等. 循环荷载下重塑弱膨胀土滞回曲线形态特征定量研究[J]. 岩土力学,2020,41(6):1845-1854.
[80] MONISMITH C L, OGAWA N, FREEME C R. Permanent deformation

characteristics of subgrade soils due to repeated loading[J]. Transportation research record journal of the transportation research board,1975(537),1-17.

[81] 张幸幸,张建民,温彦锋. 长期交通荷载作用下路基沉降的实用计算方法[J]. 岩土工程学报,2015,37(11):2067-2072.

[82] TANG L S,CHEN H K,SANG H T,et al. Determination of traffic-load-influenced depths in clayey subsoil based on the shakedown concept[J]. Soil dynamics and earthquake engineering,2015,77:182-191.

[83] WANG J H,LING X Z,LI Q L,et al. Accumulated permanent strain and critical dynamic stress of frozen silty clay under cyclic loading[J]. Cold regions science and technology,2018,153:130-143.

[84] 陈成,周正明,张先伟. 长期循环荷载作用下泥炭质土累积变形简化计算方法研究[J]. 振动与冲击,2019,38(14):276-282.

[85] 陈靖宇,蔡袁强,曹志刚,等. 非饱和公路路基填料长期动力特性试验研究[J]. 岩石力学与工程学报,2018,37(10):2406-2414.

[86] 李扬波,张家生,朱志辉,等. 循环荷载作用下铁路路基级配碎石填料累积变形研究[J]. 工程科学与技术,2018,50(5):130-137.

[87] 聂如松,李亚峰,冷伍明,等. 列车间歇荷载作用下路基细粒土填料的塑性变形行为及临界动应力研究[J]. 岩石力学与工程学报,2021,40(4):828-841.

[88] 周文权,冷伍明,蔡德钩,等. 循环荷载作用下路基粗粒土填料临界动应力和累积变形特性分析[J]. 铁道学报,2014,36(12):84-89.

[89] 冷伍明,刘文劼,赵春彦,等. 重载铁路路基压实粗颗粒土填料动力破坏规律试验研究[J]. 岩土力学,2015,36(3):640-646.

[90] 冷伍明,刘文劼,周文权. 振动荷载作用下重载铁路路基粗颗粒土填料临界动应力试验研究[J]. 振动与冲击,2015,34(16):25-30.

[91] 冷伍明,周文权,聂如松,等. 重载铁路粗粒土填料动力特性及累积变形分析[J]. 岩土力学,2016,37(3):728-736.

[92] 刘文劼,冷伍明,蔡德钩,等. 重载铁路路基粗颗粒土循环振动试验与累积动应变研究[J]. 铁道学报,2015,37(2):91-97.

[93] 梅慧浩,冷伍明,刘文劼,等. 持续动荷载作用下基床粗粒土填料累积塑性应变试验研究[J]. 铁道学报,2017,39(2):119-126.

[94] 周文权,冷伍明,聂如松,等. 重载铁路粗粒土填料累积变形预测模型与应用[J]. 铁道学报,2019,41(11):100-107.

[95] LENG W M,XIAO Y J,NIE R S,et al. Investigating strength and

deformation characteristics of heavy-haul railway embankment materials using large-scale undrained cyclic triaxial tests[J]. International journal of geomechanics,2017,17(9):04017074.
[96] 梅慧浩,冷伍明,聂如松,等. 粗粒土的动力行为特征及永久变形特性研究[J]. 华中科技大学学报(自然科学版),2019,47(9):113-119.
[97] 刘文劼,梅慧浩,冷伍明,等. 路基基床动应力响应特征的数值模拟研究[J]. 铁道学报,2017,39(12):108-117.
[98] 冷伍明,梅慧浩,聂如松,等. 重载铁路路基足尺模型试验研究[J]. 振动与冲击,2018,37(4):1-6.
[99] 刘宝,PHAM D P,苏谦,等. 不同含水状态下基床级配碎石填料变形特性研究[J]. 岩土力
[100] 龙尧,张家生,丁建源,等. 粗粒土路基循环荷载试验及累积变形模型研究[J]. 振动与冲击,2017,36(16):128-133.
[101] 宋金华,李博楠,王亮,等. 冻融循环作用下石灰改良土路基填料的动力特性研究[J]. 重庆交通大学学报(自然科学版),2018,37(2):47-54.
[102] 刘松玉,童立元,邱钰,等. 煤矸石颗粒破碎及其对工程力学特性影响研究[J]. 岩土工程学报,2005,27(5):505-510.
[103] 刘汉龙,秦红玉,高玉峰,等. 堆石粗粒料颗粒破碎试验研究[J]. 岩土力学,2005,26(4):562-566.
[104] 贾宇峰,王丙申,迟世春. 堆石料剪切过程中的颗粒破碎研究[J]. 岩土工程学报,2015,37(9):1692-1697.
[105] 蔡正银,李小梅,关云飞,等. 堆石料的颗粒破碎规律研究[J]. 岩土工程学报,2016,38(5):923-929.
[106] 高玉峰,张兵,刘伟,等. 堆石料颗粒破碎特征的大型三轴试验研究[J]. 岩土力学,2009,30(5):1237-1240.
[107] MARSAL R J. Large scale testing of rockfill materials[J]. Journal of the soil mechanics and foundations eivision,1967,93(2):27-43.
[108] JIA Y F, XU B, CHI S C, et al. Research on the particle breakage of rockfill materials during triaxial tests[J]. International journal of geomechanics,2017,17(10):04017085.
[109] 王远,张胜,敖大华,等. 复杂应力路径下堆石料的颗粒破碎特性研究[J]. 岩土工程学报,2018,40(4):698-706.
[110] 孔宪京,宁凡伟,刘京茂,等. 应力路径和干湿状态对堆石料颗粒破碎的影响研究[J]. 岩土力学,2019,40(6):2059-2065.

[111] 刘萌成，孟锋，王洋洋. 粗粒料颗粒破碎变化规律大型三轴试验研究[J]. 岩土工程学报，2020，42(3)：561-567.

[112] 韩华强，陈生水，傅华，等. 循环荷载作用下堆石料的颗粒破碎特性[J]. 岩土工程学报，2017，39(10)：1753-1760.

[113] 张振东，李国英. 循环荷载作用下堆石料颗粒破碎特性试验研究[J]. 岩土工程学报，2017，39(8)：1510-1516.

[114] FARDIN ROSA A，SACRAMENTO ARAGÃO F T，DA MOTTA L M G. Effects of particle size distribution and lithology on the resistance to breakage of ballast materials[J]. Construction and building materials，2021，267：121015.

[115] MCDOWELL G R，BOLTON M D. On the micromechanics of crushable aggregates[J]. Géotechnique，1998，48(5)：667-679.

[116] ZHAO B D，WANG J F，ANDÒ E，et al. Investigation of particle breakage under one-dimensional compression of sand using X-ray microtomography[J]. Canadian geotechnical journal，2020，57(5)：754-762.

[117] 杜俊，侯克鹏，梁维，等. 粗粒土压实特性及颗粒破碎分形特征试验研究[J]. 岩土力学，2013，34(增刊1)：155-161.

[118] 陈镠芬，高庄平，朱俊高，等. 粗粒土级配及颗粒破碎分形特性[J]. 中南大学学报(自然科学版)，2015，46(9)：3446-3453.

[119] 徐永福. 固体颗粒破碎的分维演化规律[J]. 工程地质学报，2017，25(5)：1287-1292.

[120] 田海，孔令伟，赵翀. 基于粒度熵概念的贝壳砂颗粒破碎特性描述[J]. 岩土工程学报，2014，36(6)：1152-1159.

[121] 李雪梅，李红文，方华建. 基于大型直剪试验的粗粒料颗粒破碎对比研究[J]. 岩石力学与工程学报，2015，34(增刊1)：3581-3587.

[122] OZKAN G，ORTOLEVA P J. Evolution of the gouge particle size distribution：a Markov model[J]. Pure and applied geophysics，2000，157(3)：449-468.

[123] 童晨曦，张升，李希，等. 基于Markov链的岩土材料颗粒破碎演化规律研究[J]. 岩土工程学报，2015，37(5)：870-877.

[124] 丁建源，陈晓斌，张家生，等. 基于对数几率回归模型的粗颗粒土颗粒破碎过程演化研究[J]. 岩土力学，2019，40(4)：1465-1473.

[125] 郭万里，朱俊高，钱彬，等. 粗粒土的颗粒破碎演化模型及其试验验证[J].

岩土力学,2019,40(3):1023-1029.
[126] 赵飞翔,迟世春,米晓飞.基于颗粒破碎特性的堆石材料级配演化模型[J].岩土工程学报,2019,41(9):1707-1714.
[127] XIAO Y,LIU H L,CHEN Y M,et al. State-dependent constitutive model for rockfill materials [J]. International journal of geomechanics, 2015, 15(5):04014075.
[128] XIAO Y,LIU H L,DING X M,et al. Influence of particle breakage on critical state line of rockfill material[J]. International journal of geomechanics,2016,16(1):04015031.
[129] XIAO Y,SUN Y F,HANIF K F. A particle-breakage critical state model for rockfill material [J]. Science China technological sciences, 2015, 58 (7):1125-1136.
[130] XIAO Y,LIU H L. Elastoplastic constitutive model for rockfill materials considering particle breakage[J]. International journal of geomechanics,2017,17(1):04016041.
[131] XIAO Y,LIU H L,CHEN Y M,et al. Bounding surface plasticity model incorporating the state pressure index for rockfill materials[J]. Journal of engineering mechanics,2014,140(11):04014087.
[132] SALIM W,INDRARATNA B. A new elastoplastic constitutive model for coarse granular aggregates incorporating particle breakage [J]. Canadian geotechnical journal,2004,41(4):657-671.
[133] SUKKARAK R,PRAMTHAWEE P,JONGPRADIST P. A modified elasto-plastic model with double yield surfaces and considering particle breakage for the settlement analysis of high rockfill dams[J]. KSCE journal of civil engineering,2017,21(3):734-745.
[134] GUO W L,CHEN L. A stress-dilatancy relationship for rockfill incorporating particle breakage and intermediate principal-stress ratio[J]. KSCE journal of civil engineering,2019,23(7):2847-2851.
[135] GUO W L,CAI Z Y,WU Y L,et al. Estimations of three characteristic stress ratios for rockfill material considering particle breakage[J]. Acta mechanica solida sinica,2019,32(2):215-229.
[136] GUO Y L,MARKINE V,QIANG W L,et al. Effects of crumb rubber size and percentage on degradation reduction of railway ballast [J]. Construction and building materials,2019,212:210-224.

[137] KUO C Y, ROLLINGS R S, LYNCH L N. Morphological study of coarse aggregates using image analysis[J]. Journal of materials in civil engineering, 1998, 10(3): 135-142.

[138] GUO Y L, MARKINE V, SONG J N, et al. Ballast degradation: Effect of particle size and shape using Los Angeles Abrasion test and image analysis[J]. Construction and building materials, 2018, 169: 414-424.

[139] OKONTA F N. Relationships between abrasion index and shape properties of progressively abraded dolerite railway ballasts[J]. Rock mechanics and rock engineering, 2014, 47(4): 1335-1344.

[140] DESCANTES Y, FOSSE Y, MILCENT F. Automated measurement of railway ballast angularity[J]. Journal of materials in civil engineering, 2006, 18(4): 612-618.

[141] DEIROS QUINTANILLA I, COMBE G, EMERIAULT F, et al. X-ray CT analysis of the evolution of ballast grain morphology along a Micro-Deval test: key role of the asperity scale[J]. Granular matter, 2019, 21(2): 1-30.

[142] GUO Y L, MARKINE V, ZHANG X H, et al. Image analysis for morphology, rheology and degradation study of railway ballast: a review[J]. Transportation geotechnics, 2019, 18: 173-211.

[143] WADELL H. Volume, shape, and roundness of rock particles[J]. The journal of geology, 1932, 40(5): 443-451.

[144] CARTER R M, YAN Y. Measurement of particle shape using digital imaging techniques[J]. Journal of physics: conference series, 2005, 15: 177-182.

[145] MOLLON G, ZHAO J D. Fourier-Voronoi-based generation of realistic samples for discrete modelling of granular materials [J]. Granular matter, 2012, 14(5): 621-638.

[146] ZHENG J X, HRYCIW R D. Roundness and sphericity of soil particles in assemblies by computational geometry[J]. Journal of computing in civil engineering, 2016, 30(6): 04016021.

[147] NIE Z H, LIANG Z Y, WANG X, et al. Evaluation of granular particle roundness using digital image processing and computational geometry [J]. Construction and building materials, 2018, 172: 319-329.

[148] AZÉMA E, RADJAI F, DUBOIS F. Packings of irregular polyhedral particles: strength, structure, and effects of angularity[J]. Physical review E, statistical,

nonlinear, and soft matter physics, 2013, 87(6):062203.

[149] LU M, MCDOWELL G R. The importance of modelling ballast particle shape in the discrete element method[J]. Granular matter, 2007, 9(1): 69-80.

[150] YAGIZ S. Brief note on the influence of shape and percentage of gravel on the shear strength of sand and gravel mixtures[J]. Bulletin of engineering geology and the environment, 2001, 60(4): 321-323.

[151] XU D S, TANG Z Y, ZHANG L. Interpretation of coarse effect in simple shear behavior of binary sand-gravel mixture by DEM with authentic particle shape[J]. Construction and building materials, 2019, 195: 292-304.

[152] LI Y R, HUANG R Q, CHAN L S, et al. Effects of particle shape on shear strength of clay-gravel mixture[J]. KSCE journal of civil engineering, 2013, 17(4): 712-717.

[153] HÄRTL J, OOI J Y. Numerical investigation of particle shape and particle friction on limiting bulk friction in direct shear tests and comparison with experiments[J]. Powder technology, 2011, 212(1): 231-239.

[154] KOZICKI J, TEJCHMAN J, MRÓZ Z. Effect of grain roughness on strength, volume changes, elastic and dissipated energies during quasi-static homogeneous triaxial compression using DEM[J]. Granular matter, 2012, 14(4): 457-468.

[155] AZÉMA E, RADJAÏ F, SAINT-CYR B, et al. Rheology of three-dimensional packings of aggregates: microstructure and effects of nonconvexity [J]. Physical review E, statistical, nonlinear, and soft matter physics, 2013, 87(5): 052205.

[156] ALTUHAFI F N, COOP M R, GEORGIANNOU V N. Effect of particle shape on the mechanical behavior of natural sands[J]. Journal of geotechnical and geoenvironmental engineering, 2016, 142(12): 04016071.

[157] PAYAN M, KHOSHGHALB A, SENETAKIS K, et al. Effect of particle shape and validity of G max models for sand: a critical review and a new expression[J]. Computers and geotechnics, 2016, 72: 28-41.

[158] ROUSÉ P C, FANNIN R J, SHUTTLE D A. Influence of roundness on the void ratio and strength of uniform sand[J]. Géotechnique, 2008, 58(3): 227-231.

[159] KANDASAMI R, MURTHY T. Effect of particle shape on the mechanical response of a granular ensemble[M]//Geomechanics from Micro to Macro.

Boca Raton:CRC Press,2014:1093-1098.

[160] KANDASAMI R K,MURTHY T G. Manifestation of particle morphology on the mechanical behaviour of granular ensembles[J]. Granular matter, 2017,19(2):21.

[161] SARKAR D, GOUDARZY M, KÖNIG D. An interpretation of the influence of particle shape on the mechanical behavior of granular material[J]. Granular matter,2019,21(3):53.

[162] MVELASE G M,GRÄBE P J,ANOCHIE-BOATENG J K. The use of laser technology to investigate the effect of railway ballast roundness on shear strength[J]. Transportation geotechnics,2017,11:97-106.

[163] TUTUMLUER E,PAN T Y. Aggregate morphology affecting strength and permanent deformation behavior of unbound aggregate materials [J]. Journal of materials in Civil engineering,2008,20(9):617-627.

[164] NG T T,ZHOU W,CHANG X L. Effect of particle shape and fine content on the behavior of binary mixture[J]. Journal of engineering mechanics,2017,143(1):C4016008.

[165] GONG J,NIE Z H,ZHU Y G,et al. Exploring the effects of particle shape and content of fines on the shear behavior of sand-fines mixtures *via* the DEM[J]. Computers and geotechnics,2019,106:161-176.

[166] GALINDO-TORRES S A, PEDROSO D M, WILLIAMS D J, et al. Strength of non-spherical particles with anisotropic geometries under triaxial and shearing loading configurations[J]. Granular matter, 2013, 15(5):531-542.

[167] TIAN J Q,LIU E L. Effect of particle shape on micro- and mesostructure evolution of granular assemblies under biaxial loading conditions[J]. Comptes rendus mécanique,2018,346(12):1233-1252.

[168] NIE Z H, ZHU Y G, WANG X, et al. Investigating the effects of Fourier-based particle shape on the shear behaviors of rockfill material *via* DEM[J]. Granular matter,2019,21(2):22.

[169] FERELLEC J F,MCDOWELL G R. A simple method to create complex particle shapes for DEM[J]. Geomechanics and geoengineering, 2008, 3(3):211-216.

[170] IRAZÁBAL GONZÁLEZ J. Numerical analysis of railway ballast behaviour using discrete element method [D]: Universitat Politècnica de

Catalunya, 2017.
[171] LU M F. Discrete element modelling of railway ballast[D]. Nottingham: The University of Nottingham,2008.
[172] WANG L B,PARK J Y,FU Y R. Representation of real particles for DEM simulation using X-ray tomography[J]. Construction and building materials,2007,21(2):338-346.
[173] MCDOWELL G R,LI H. Discrete element modelling of scaled railway ballast under triaxial conditions[J]. Granular matter,2016,18(3):66.
[174] AZÉMA E. Numerical study of granular material composed by polyedric grains: quasi-static rheology, vibrationnal dynamic and application to tamping process[D]:Université montpellier Ⅱ:sciences et techniques du languedoc, 2007.
[175] VOIVRET C, NHU V H, PERALÈS R. Discrete element method simulation as a key tool towards performance design of ballasted tracks [J]. International journal of tailway technology,2016,5(1):83-98.
[176] OUHBI N,VOIVRET C,PERRIN G,et al. 3D particle shape modelling and optimization through proper orthogonal decomposition[J]. Granular matter,2017,19(4):86.
[177] HUANG H, TUTUMLUER E. Image-aided element shape generation method in discrete-element modeling for railroad ballast[J]. Journal of materials in civil engineering,2014,26(3):527-535.
[178] LIU S S,HUANG H,QIU T,et al. Comparison of laboratory testing using SmartRock and discrete element modeling of ballast particle movement[J]. Journal of materials in civil engineering,2017,29(3):D6016001.
[179] 武利强,朱晟,章晓桦,等. 粗粒料试验缩尺效应的分析研究[J]. 岩土力学,2016,37(8):2187-2197.
[180] 朱晟,张露澄. 连续分布超径粗粒土的级配缩尺方法与适用条件[J]. 岩石力学与工程学报,2019,38(9):1895-1904.
[181] 中华人民共和国交通运输部. 公路土工试验规程:JTG 3430—2020[S]. 北京:人民交通出版社,2020.
[182] 朱俊高,郭万里,王元龙,等. 连续级配土的级配方程及其适用性研究[J]. 岩土工程学报,2015,37(10):1931-1936.
[183] 张宗堂,高文华,唐骁宇,等. 干湿循环作用下膨胀岩崩解的粒度熵特征[J]. 水资源与水工程学报,2019,30(6):218-224.

[184] FULLER W B, THOMPSON S E. The laws of proportioning, concrete [J]. Transactions of the American society of civil engineers, 1907, 59(2):67-143.

[185] TALBOT A, RICHART F E. The strength of concrete-its relation to the cement, aggregates and water[J]. Illinois univ eng exp sta bulletin, 1923(1):118-137.

[186] ROSIN P. The laws governing the fineness of powdered coal[J]. J inst fuel, 1933, 7:29-36.

[187] WEIBULL W. A statistical distribution function of wide applicability [J]. Journal of applied mechanics, 1951, 18:293-297.

[188] SWAMEE P K, OJHA C S P. Bed-load and suspended-load transport of nonuniform sediments [J]. Journal of hydraulic engineering, 1991, 117(6):774-787.

[189] MORGAN P H, MERCER L P, FLODIN N W. General model for nutritional responses of higher organisms[J]. Proceedings of the national academy of sciences of the united states of america, 1975, 72(11): 4327-4331.

[190] 朱晟. 连续分布的粗粒土级配方程与压实性能[J]. 岩土工程学报, 2019, 41(10):1899-1906.

[191] 吴二鲁, 朱俊高, 王龙, 等. 粗粒料的单参数级配方程及其适用性研究[J]. 岩土力学, 2020, 41(3):831-836.

[192] 郭万里, 朱俊高, 余挺, 等. 土的连续级配方程在粗粒料中的应用[J]. 岩土力学, 2018, 39(10):3661-3667.

[193] ZHU J G, GUO W L, WEN Y F, et al. New gradation equation and applicability for particle-size distributions of various soils[J]. International journal of geomechanics, 2018, 18(2):04017155.

[194] 郭万里, 朱俊高, 温彦锋. 对粗粒料 4 种级配缩尺方法的统一解释[J]. 岩土工程学报, 2016, 38(8):1473-1480.

[195] 郭万里, 朱俊高, 王青龙, 等. 基于级配方程的粗粒料级配演化预测模型[J]. 中南大学学报(自然科学版), 2018, 49(8):2076-2082.

[196] 吴二鲁, 朱俊高, 郭万里, 等. 基于级配方程的粗粒料压实特性试验研究[J]. 岩土力学, 2020, 41(1):214-220.

[197] 吴二鲁, 朱俊高, 郭万里, 等. 缩尺效应对粗粒料压实密度影响的试验研究[J]. 岩土工程学报, 2019, 41(9):1767-1772.

[198] WU E L, ZHU J G, CHEN G, et al. Experimental study of effect of gradation on compaction properties of rockfill materials[J]. Bulletin of engineering geology and the environment, 2020, 79(6): 2863-2869.

[199] WU E L, ZHU J G, GUO W L, et al. Effect of gradation on the compactability of coarse-grained soils[J]. KSCE journal of civil engineering, 2020, 24(2): 356-364.

[200] WINTER M J, HYODO M, WU Y, et al. Influences of particle characteristic and compaction degree on the shear response of clinker ash[J]. Engineering geology, 2017, 230: 32-45.

[201] 中华人民共和国水利部. 碾压式土石坝设计规范: SL 274—2020[S]. 北京: 中国水利水电出版社, 2020.

[202] 任非凡, 何江洋, 王冠, 等. 基于交变移动本构模型的粗粒土动力特性数值解析[J]. 岩土力学, 2018, 39(12): 4627-4641.

[203] 徐志华, 孙大伟, 张国栋. 堆石料应力-应变特性大型三轴试验研究[J]. 岩土力学, 2017, 38(6): 1565-1572.

[204] 刘萌成, 高玉峰, 刘汉龙. 堆石料剪胀特性大型三轴试验研究[J]. 岩土工程学报, 2008, 30(2): 205-211.

[205] 李翀, 何昌荣, 王琛, 等. 粗粒料大型三轴试验的尺寸效应研究[J]. 岩土力学, 2008, 29(增刊1): 563-566.

[206] 中华人民共和国工业和信息化部. 土工试验规程: YS/T 5225—2016[S]. 北京: 中国计划出版社, 2016.

[207] CAI Y Q, CHEN J Y, CAO Z G, et al. Influence of grain gradation on permanent strain of unbound granular materials under low confining pressure and high-cycle loading[J]. International journal of geomechanics, 2018, 18(3): 04017156.

[208] CHEN W B, YIN J H, FENG W Q, et al. Accumulated permanent axial strain of a subgrade fill under cyclic high-speed railway loading[J]. International journal of geomechanics, 2018, 18(5): 04018018.

[209] GARCÍA-DE-LA-OLIVA J L, MORENO-ROBLES J. Granular sub-ballast compaction control methods in high-speed railway lines. Spanish experience[J]. Transportation geotechnics, 2019, 19(3): 135-145.

[210] 徐望国, 张家生, 贺建清. 加筋软岩粗粒土路堤填料大型三轴试验研究[J]. 岩石力学与工程学报, 2010, 29(3): 535-541.

[211] 陈晓斌, 张家生, 安关峰. 路用红砂岩粗粒土的流变特性试验研究[J]. 中

南大学学报(自然科学版),2007,38(1):154-159.

[212] 朱晟,周建波.粗粒筑坝材料的动力变形特性[J].岩土力学,2010,31(5):1375-1380.

[213] 刘鑫,李飒,刘小龙,等.南海钙质砂的动剪切模量与阻尼比试验研究[J].岩土工程学报,2019,41(9):1773-1780.

[214] KONG X J,LIU J M,ZOU D G,et al. Stress-dilatancy relationship of zipingpu gravel under cyclic loading in triaxial stress states[J]. International journal of geomechanics,2016,16(4):04016001.

[215] 秦红玉,刘汉龙,高玉峰,等.粗粒料强度和变形的大型三轴试验研究[J].岩土力学,2004,25(10):1575-1580.

[216] THEVANAYAGAM S. Intergrain contact density indices for granular mixes—Ⅰ: framework [J]. Earthquake engineering and engineering vibration,2007,6(2):123-134.

[217] THEVANAYAGAM S. Intergrain contact density indices for granular mixes—Ⅱ: liquefaction resistance [J]. earthquake engineering and engineering vibration,2007,6(2):135-146.

[218] 王涛,刘斯宏,宋迎俊,等.基于骨架孔隙比的土石混合料强度变形特性[J].岩土力学,2020,41(9):2973-2983.

[219] 吴琪,陈国兴,周正龙,等.基于颗粒接触状态理论的粗细粒混合料液化强度试验研究[J].岩土工程学报,2018,40(3):475-485.

[220] 闫超萍,龙志林,周益春,等.钙质砂剪切特性的围压效应和粒径效应研究[J].岩土力学,2020,41(2):581-591.

[221] 张嘎,张建民.粗颗粒土的应力应变特性及其数学描述研究[J].岩土力学,2004,25(10):1587-1591.

[222] CHAZALLON C,HORNYCH P,MOUHOUBI S. Elastoplastic model for the long-term behavior modeling of unbound granular materials in flexible pavements[J]. International journal of geomechanics, 2006, 6(4):279-289.

[223] CAI Y Q,CHEN Y,CAO Z G,et al. Dynamic responses of a saturated poroelastic half-space generated by a moving truck on the uneven pavement[J]. Soil dynamics and earthquake engineering, 2015, 69: 172-181.

[224] LU Z,YAO H L,WU W P,et al. Dynamic stress and deformation of a layered road structure under vehicle traffic loads:Experimental measurements

and numerical calculations[J]. Soil dynamics and earthquake engineering, 2012,39:100-112.

[225] 李扬波,张家生,朱志辉,等. 分级加载下铁路路基粗粒土动力特性研究[J]. 铁道科学与工程学报,2019,16(3):620-628.

[226] 李金秋,王秀艳,刘长礼,等. 交通荷载作用下焦作地区饱和粉质黏土变形特性及影响因素分析[J]. 长江科学院院报,2019,36(7):70-76.

[227] 王常晶,陈云敏. 交通荷载引起的静偏应力对饱和软黏土不排水循环性状影响的试验研究[J]. 岩土工程学报,2007,29(11):1742-1747.

[228] 李扬波,张家生,朱志辉,等. 基于 Hardin 骨架曲线的粗粒土非线性动本构模型[J]. 重庆大学学报,2018,41(11):19-30.

[229] 黄博,丁浩,陈云敏. 高速列车荷载作用的动三轴试验模拟[J]. 岩土工程学报,2011,33(2):195-202.

[230] INDRARATNA B,SALIM W,RUJIKIATKAMJORN C. Advanced Rail Geotechnology - Ballasted Track[M]. Boca Raton:CRC Press,2011.

[231] WANG G,ZHA J J. Particle breakage evolution during cyclic triaxial shearing of a carbonate sand[J]. Soil dynamics and earthquake engineering,2020,138:106326.

[232] 刘杰. 土工格栅加筋砾类土力学特性和加筋机理试验研究[D]. 合肥:合肥工业大学,2018.

[233] 巩斯熠,黄斌. 堆石料动力残余变形特性试验研究[J]. 长江科学院院报,2013,30(1):47-51.

[234] 庄心善,王俊翔,王康,等. 风化砂改良膨胀土的动力特性研究[J]. 岩土力学,2018,39(增刊 2):149-156.

[235] 张克绪谢君斐. 土动力学[M]. 北京:地震出版社,1989.

[236] 杨桂通. 土动力学[M]. 北京:中国建材工业出版社,2000.

[237] 张宗堂,高文华,张志敏,等. 基于 Weibull 分布的红砂岩颗粒崩解破碎演化规律[J]. 岩土力学,2020,41(3):877-885.

[238] ZHANG Z T,GAO W H,ZENG C F,et al. Evolution of the disintegration breakage of red-bed soft rock using a logistic regression model[J]. Transportation geotechnics,2020,24:100382.

[239] 李子春. 轨道结构垂向荷载传递与路基附加动应力特性的研究[D]. 北京:铁道部科学研究院,2000.

[240]朱晟. 粗粒筑坝材料现场压实质量的控制标准研究[J]. 水力发电,2011,37(12):22-26.

[241] INDRARATNA B, THAKUR P K, VINOD J S, et al. Semiempirical cyclic densification model for ballast incorporating particle breakage[J]. International journal of geomechanics, 2012, 12(3): 260-271.

[242] LIN L, LI S, SUN L Q, et al. Evolution of particle size distribution for carbonate sand under impact load[J]. Powder technology, 2020, 376: 549-564.

[243] AZEN R, TRAXEL N. Using dominance analysis to determine predictor importance in logistic regression[J]. Journal of educational and behavioral statistics, 2009, 34(3): 319-347.

[244] AGRESTI A. An Introduction to Categorical Data Analysis[M]. New York: Wiley, 2006.

[245] XU W, CHEN W, LIANG Y J. Feasibility study on the least square method for fitting non-Gaussian noise data[J]. Physica A: statistical mechanics and its applications, 2018, 492: 1917-1930.

[246] LEE K L, FARHOOMAND I. Compressibility and crushing of granular soil in anisotropic triaxial compression [J]. Canadian geotechnical journal, 1967, 4(1): 68-86.

[247] 柏树田,崔亦昊. 堆石的力学性质[J]. 水力发电学报, 1997, 16(3): 21-30.

[248] LADE P V, YAMAMURO J A, BOPP P A. Significance of particle crushing in granular materials[J]. Journal of geotechnical engineering, 1996, 122(4): 309-316.

[249] BIAREZ J, HICHER P Y. Influence de la granulométrie et de son évolution par ruptures de grains sur le comportement mécanique de matériaux granulaires[J]. Revue française de génie civil, 1997, 1(4): 607-631.

[250] MARSAL R. J. Mechanical properties of rockfill embankment dam engineering[M]. New York: Wiley, 1973.

[251] HARDIN B O. Crushing of soil particles[J]. Journal of geotechnical engineering, 1985, 111(10): 1177-1192.

[252] EINAV I. Breakage mechanics: part I: theory [J]. Journal of the mechanics and physics of solids, 2007, 55(6): 1274-1297.

[253] YANG Z Y, JUO J L. Interpretation of sieve analysis data using the box-counting method for gravelly cobbles [J]. Canadian geotechnical journal, 2001, 38(6): 1201-1212.

[254] 徐旸，高亮，杨国涛，等.基于可破碎离散单元的铁路碎石道砟磨耗机制研究[J].铁道学报，2019，41(2)：124-129.

[255] DAOUADJI A，HICHER P Y. An enhanced constitutive model for crushable granular materials [J]. International journal for numerical and analytical methods in geomechanics，2010，34(6)：555-580.

[256] WANG G，WANG Z N，YE Q G，et al. Particle breakage evolution of coral sand using triaxial compression tests[J]. Journal of rock mechanics and geotechnical engineering，2021，13(2)：321-334.

[257] MISHRA D，QIAN Y，HUANG H，et al. An integrated approach to dynamic analysis of railroad track transitions behavior[J]. Transportation geotechnics，2014，1(4)：188-200.

[258] MOAVENI M，MAHMOUD E，ORTIZ E M，et al. Use of advanced aggregate imaging systems to evaluate aggregate resistance to breakage，abrasion，and polishing[J]. Transportation research record：journal of the transportation research board，2014，2401(1)：1-10.

[259] QIAN Y，BOLER H，MOAVENI M，et al. Characterizing ballast degradation through los angeles abrasion test and image analysis [J]. Transportation research record：journal of the transportation research board，2014，2448(1)：142-151.

[260] 方传峰.考虑颗粒破碎的无粘性粗粒土宏观力学特性及细观机理研究[D].长沙：中南大学，2022.

[261] 石崇，张强，王盛年.颗粒流(PFC5.0)数值模拟技术及应用[M].中国建筑工业出版社，2018.

[262] 龚健.土石混合体的细观力学特性研究[D].大连：大连理工大学，2017.

[263] TAGHAVI R. Automatic clump generation based on mid-surface [C]. Continuum and Distinct Element Modelling in Geomechanics-2011，2011.

[264] JIANG M J，YU H S，HARRIS D. A novel discrete model for granular material incorporating rolling resistance[J]. Computers and geotechnics，2005，32(5)：340-357.

[265] YANG Y，CHENG Y M，WANG J A. Exploring the contact types within mixtures of different shapes at the steady state by DEM [J]. Powder Technology，2016，301：440-448.

[266] GONG J，LIU J. Mechanical transitional behavior of binary mixtures *via* DEM：Effect of differences in contact-type friction coefficients [J].

Computers and geotechnics,2017,85:1-14.

[267] ALAEI E,MAHBOUBI A. A discrete model for simulating shear strength and deformation behaviour of rockfill material, considering the particle breakage phenomenon[J]. Granular matter,2012,14(6):707-717.

[268] ZHOU W,MA G,CHANG X L,et al. Influence of particle shape on behavior of rockfill using a three-dimensional deformable DEM[J]. Journal of engineering mechanics,2013,139(12):1868-1873.

[269] MA G,ZHOU W,CHANG X L,et al. Combined FEM/DEM modeling of triaxial compression tests for rockfills with polyhedral particles[J]. International journal of geomechanics,2014,14(4):04014014.

[270] ZHANG Z T,GAO W H,WANG X,et al. Degradation-induced evolution of particle roundness and its effect on the shear behaviour of railway ballast[J]. Transportation geotechnics,2020,24:100388.

[271] SHIRE T,O'SULLIVAN C. Micromechanical assessment of an internal stability criterion[J]. Acta geotechnica,2013,8(1):81-90.

[272] MASSON S,MARTINEZ J. Micromechanical analysis of the shear behavior of a granular material[J]. Journal of engineering mechanics,2001,127(10):1007-1016.

[273] DELUZARCHE R,CAMBOU B. Discrete numerical modelling of rockfill dams[J]. International journal for numerical and analytical methods in geomechanics,2006,30(11):1075-1096.

[274] ABBIREDDY C O R,CLAYTON C R I. Varying initial void ratios for DEM simulations[J]. Geotechnique,2010,60(6):497-502.

[275] JAMIOLKOWSKI M, KONGSUKPRASERT L, LO PRESTI D. Characterization of gravelly geomaterials[C]. Proceedings of the the fifth international geotechnical conference, Bangkok, Thailand, F November,2004.

[276] LOPERA PEREZ J C,KWOK C Y,O SULLIVAN C,et al. Assessing the quasi-static conditions for shearing in granular media within the critical state soil mechanics framework[J]. Soils and foundations,2016,56(1):152-159.

[277] DA CRUZ F,EMAM S,PROCHNOW M,et al. Rheophysics of dense granular materials:discrete simulation of plane shear flows[J]. Physical review E, statistical, nonlinear, and soft matter physics, 2005, 72(2 pt

1):021309.

[278] SUHR B,SIX K. Simple particle shapes for DEM simulations of railway ballast:influence of shape descriptors on packing behaviour[J]. Granular matter,2020,22(2):43.

[279] MARKAUSKAS D,KAČIANAUSKAS R,DŽIUGYS A,et al. Investigation of adequacy of multi-sphere approximation of elliptical particles for DEM simulations[J]. Granular matter,2010,12(1):107-123.

[280] MINH N H,CHENG Y P. A DEM investigation of the effect of particle-size distribution on one-dimensional compression[J]. Géotechnique,2013,63(1):44-53.

[281] TUTUMLUER E,QIAN Y,HASHASH Y M A,et al. Discrete element modelling of ballasted track deformation behaviour[J]. International journal of rail transportation,2013,1(1/2):57-73.

[282] QIAN Y,MISHRA D,TUTUMLUER E,et al. Characterization of geogrid reinforced ballast behavior at different levels of degradation through triaxial shear strength test and discrete element modeling[J]. Geotextiles and geomembranes,2015,43(5):393-402.

[283] GONG J,LIU J,CUI L. Shear behaviors of granular mixtures of gravel-shaped coarse and spherical fine particles investigated *via* discrete element method[J]. Powder technology,2019,353:178-194.

[284] ESTRADA N, AZÉMA E, RADJAI F, et al. Identification of rolling resistance as a shape parameter in sheared granular media[J]. Physical review E, statistical, nonlinear, and soft matter physics, 2011, 84(1 pt 1):011306.